仕事の魔法

目次

目次

プロローグ …… 8

魔法その1　挨拶 …… 14
ハイという返事の実践。ハイは我を捨て、素直な心を蘇らせる。

魔法その2　叡智《えいち》 …… 30
信じる勇気と賭ける覚悟。人の叡智が命の呼応を生み人を育てる。

魔法その3　夢を語り合う …… 46
夢は希望を生み、希望は勇気を育て、勇気は仲間を創る。

魔法その4　言葉 …… 69
使ってよいことばと、使ってはいけないことばがある。そして、ことばは命よりも重たい。

魔法その5　ただ見ていてあげること …… 82
自信とは自分を信じる力ではない。

魔法その6　歴史 …… 103
人を育てるということは、五年、十年の先を考えるのではなく、千年、二千年の先を考えること。

魔法その7　時間 …… 123
時間に振り回される人から時間をコントロールする人へ。

魔法その8　傍楽《はたらく》 …… 143
人生は自分のためあらず。大切な仲間を幸せにすることが人生の使命。

目　次

桃子、香菜子、綾花、君たちが社会人になった時、
多くの読者のみなさまと共にあることを…。

仕事の魔法

プロローグ

一週間前、僕は東京へ戻ってきた。

「一日付けで営業部営業三課主任に任命する」

僕を迎えたのは一枚の辞令だった。

そして新入社員研修を終えたばかりの一人の新人が、僕の部下として立っていた。

「小笠原さん、よろしく」

なんでタメ口なんだ！と思いながら「よろしくお願いします」と頭を下げる僕を、そいつは上から見下ろしていた。

「なにやったらいいんですか」

水口というその新人は、背もたれにダラしなく身体を投げ出して問いかけてきた。

「なにがしたい？」

「分からないから聞いてるんですよ」

「じゃあ、まずことばを磨こうか」

「はぁ？」

「営業はことばを操る職業です。ひとつのことばとの出会いが、人の一生を決定することだってあります。ことばで人の心に一生の傷を残すこともできます」

「小笠原さん」

水口が僕を遮ってきた。それもこれ以上ないという程の軽蔑の眼差しをもって。

「もっと社会人らしく・・・というか・・・先輩、いや俺の上司として具体的な指示を出せないんですか？」

「具体的な指示？」

「そうそう・・・。例えば取引先を廻るから一緒に来いとか・・・」

「あぁ、なるほど」

「俺、先輩を立てたりとか、結構世渡り上手ですから、お客さんの前では上手く立ち回りますよ」

「上手く・・・？」

「ちゃんと小笠原さんを引き立てながら自分を売り込みますから」

「なるほど・・・」

「営業って適当なことといって、お客さんの気分を良くすりゃいいんでしょ。俺、学生時代からかなりいい線いってましたから」

「なにが？」

「合コンとか色々あるじゃないっすか」

「合コンね・・・」

「同じもんですよね、営業も」

僕の頭はめまぐるしく回転し続けていた。その大半は怒りの感情だったが。

初めて部下を持った。それも突然に。記念すべき最初の部下がこの男だ。営業と合コンを同じだと言い切った。なにをどう伝えていけばいいのか？

それより、なぜ水口を僕が育てなければならないんだ？

そもそも僕に部下の育成などできるのか・・・。

「水口！」

半分やけになって僕は叫んでいた。

「・・・」

突然の大声に三課全員の目が僕に集中する。水口も口を開けて僕を見上げていた。

「ついてこい！」

カバンを手に僕は出口へスタスタと歩き「行ってきます！」とみんなの視線をはねのけるように怒鳴っていた。

・・・・・・・・・・・・・・

「何処へ行くんですか？」

新宿駅で二枚の切符を買い、一枚を水口に渡した。そのまま僕は改札を抜け無言でホームへ向かう。

「小笠原さん、何処へ行くんですか？これってパワハラですよ！」

なにがパワハラだ。心の中で怒鳴っていた。いまどきパワーハラスメントなんて化石みたいなセリフを・・・。

電車に乗り吊革にぶら下がる。横に水口が並ぶ。

「そういえば、小笠原さんって入社して半年間もオーダーが出なかったダメ社員だったんですよね」

僕は驚いて水口の顔を見た。その僕に『やっぱり』というような笑みを浮かべて水口は続ける。

「小笠原さんて僕たち新人の間じゃ有名人ですからね。研修でトレーナーがいってました。『あの小笠原でもクビにならなかったんだ。だからあきらめるな』ですよ。僕たちがどんなに苦しいことがあっても頑張るようにって」

「それ以外のことはなにかいってなかったの？」

「他のこと？」

「そう、そのダメ社員のあとのこと？」

「別に・・・。あっそうそう、その後、ちょっとやる気出したんだけど、札幌に飛ばされたって」

『トレーナーって誰だ？』頭をよぎった。

僕は、この複雑な怒りを悟られないように水口から目をそらした。

昔は人事課長だった。多分今も人事の誰かが新入社員研修をしているはずだ。

確かに僕がダメダメ営業マンだったことは事実だ。

入社して半年間、オーダーを書けずに悩んでいたのも本当だ。それに、何度も会社を辞めようとさえ考えていた。

紙谷さんと出会わなければ間違いなく僕は会社を辞めていただろう。

もし辞めていたら、今頃僕はなにをしていたのだろうか。辞め癖がついて転々と仕事を変えていたかもしれない。フリーターに落ちていたかもしれない。生きる自信すら失くしていたかもしれない。

働くことより、働き続けることの大切さを僕は紙谷さんに教わった。

『誰を幸せにしたいのか』
それを問い続けることの大切さを紙谷さんは教えてくれた。
そして、それが僕の生きる軸、働く軸となっていた。

魔法その1 ～挨　拶～

「ハイという返事の実践。ハイは我《が》を捨て、素直な心を甦らせる」

電車が渋谷に到着した。

ちょっと水口に目を向けて僕はホームへ降りた。無言で水口もついてくる。

もう「どこへ？」とは聞いてこなかった。黙ってダラダラと僕の後を歩いてくる。

改札を抜け、宮益坂《みやますざか》から中小路を左へ入り、ひとつの雑居ビルのエレベーターで七階へ昇った。

「名刺、持ってるよな」

水口はポケットからピカピカの名刺入れを取り出すと誇らしげに僕に見せた。

「名刺は営業マンの顔なんていわないで下さいよ。僕の顔は名刺なんかじゃ現せないっすからね」

「アホか・・・！」と思いながら、僕は無視して開いたエレベーターから廊下へ進んだ。その

大村社長が大きな声で笑い出した。

「小笠原君の下では不満ですか?」

「いや、不満とか・・・そういうんじゃなく・・・」

「そういう顔を不満っていうんですよ」

僕はなんだか情けなくなっていた。『先輩を立てるのが上手だ』と威張っていたはずの水口が強烈に僕をへこましている。

「同期は五人。その内営業は三人です。僕以外は二課へ。でも負けませんよ僕は。絶対にトップになってみせます。大村さん、よろしくお願いしますね」

馴れ馴れしく大村社長に話し続ける水口を、僕は止めることができなかった。

それでも大村社長はさすがで、そんな水口の態度を気にも留めず「君はなぜトップになりたいの?」と優しく質問を続けてくれた。

「はぁ?」

「その、はぁ?っていうのをやめなさい」

スパッと大村社長がいった。

水口はいわれた意味が分からないようだ。

多分、自分の口癖になっているのだろう。

どんな風に自分が返事をしているのか自覚がないらしい。

「返事は常にハイということ。それがトップへの第一歩ですよ」

「なんですか？一体」

水口は僕と大村社長の顔を交互に見比べていた。

「ハイといってごらん」

「はぁ？」

「はぁ、じゃなくて、ハイ」

「はい・・・」

「もっと元気良く！」

「はい」

「もっと」

「ハイッ！」

「そう、それだよ、水口君」

「はぁ・・・」

そこへ女子社員さんがコーヒーを運んできてくれた。僕の前に最初にコーヒーを置いてくれた。続いて水口の前に。そして最後に大村社長の前に。

この当たり前のことを当たり前にできている大村社長の教育と社員さんのレベルの高さに、僕はいつも感心していた。

「ありがとうございます」

僕は女子社員さんに丁寧に頭を下げた。水口は勝手にコーヒーを飲み始めている。

それを大村社長は横目でチラッと見ていたが何もいわなかった。でも僕はオフィスに戻ってから「がっちり説教しなくちゃ」と考えていた。

「水口君、君に新入社員三原則を教えてあげましょう」

僕は手にしたカップを素早くテーブルにもどすと、鞄からメモ帳とペンを取り出した。

「なんですか、それ?」

「まぁ、いいから聞いてください」

そういって大村社長は三つのことを水口に伝えた。

新入社員三原則

一、朝、必ず上司や先輩にすすんで挨拶をすること。

一、上司や先輩（人）に呼ばれたら「ハイ」とハッキリ返事をすること。

一、履物を脱いだら必ずそろえ、席を立つときは必ず椅子を入れること。

「この三つだけを、ぜひ今日から実践してみてください。きっと君のような優秀な若者なら、すぐにできることばかりです」

優秀な若者・・・？

僕は引っかかったが、水口にもしっかり違った意味で引っかかったようだ。「もちろんできます！」と、やけに威勢良く返事していた。

「まず『ハイ』という返事は素直な心がなければ決して発せられません。

『ハイ』という一語によって、その人は『我《が》』を捨てるわけです。それまでの意地や張りの一切を捨て去ります。それと同時に本人はもとより廻りの人々の雰囲気を一変させる力を持っています」

大村社長は、ゆっくりと水口の顔を見つめながら説いていった。

「つまり、常に『ハイ』ということで、会社の雰囲気をいつも明るく変えてしまう影響力のある人に、君がなってしまうということです」

「マジッすか！・・・あっ、ハイ」

「そうです、その返事です」

僕はノートに三ヶ条を書きとめた。

「水口君、ことばは命よりも強いものです」

「・・・？」

「ことばは人を生まれ変わらせることがあります。その命より強いことばの中で、たった二文字なのに最も強いことばが『ハイ』という返事です。ハイといえるだけですべてのことばが輝きだします」

「でも、僕は結構イケてることばを普段から使ってますよ。よく友達に、お前といると元気になれるっていわれますから」

「それは素晴らしい！」

大村社長は本当に感動したように相槌を打った。まるで紙谷さんのようだった。

水口はその相槌に得意そうに胸を張った。僕は恥ずかしくなり隠れたかった。

「挨拶は思いやりと労わりの心の現われです。特に朝の挨拶『おはよう』は日本人の心そのものです」

「おはよう・・・が、ですか」

「そうです。挨拶は礼儀の基本です。水口君のように礼儀正しい青年はきっと女性にもモテるでしょう」

「いやぁ、モテるってほどじゃありませんが、まぁ、そこそこに。やっぱり分かります？」

「ええ、きっとそうだろうと思いました」

また、水口は誇らしげな顔をした。

しかし、僕は違った意味で大村社長の人としての大きさに改めて惹かれていた。そして、その会話の進め方に興味が湧き、ノートを持つ手に自然に力が入っていく。

僕の話しなどまったく聞く耳を持たなかった水口が、今は大村社長の話しに聞き入っているのだ。

「礼儀は傷つかないために生まれた文化です。人の心はとても傷つきやすいものです。相手に与える傷以上に自分の心はもっと脆いものです。それで、相手を傷つけないこと以上に自分も傷つかないために礼儀というものが生まれました」

「傷つかないため・・・」

「そうです。失礼なことをしたり、またはされたりして傷つかないために」

「なるほど・・・、確かに失礼なヤツを見ると腹が立つし、それが自分に対してだったりするとショックですよね」

お前もだよ！ということばを僕はかろうじて飲み込んだ。

「その礼儀の基本中の基本が朝の挨拶です。おはようは『お早いですね』が変化したともいわれています。そして、常に先に声を掛けるのが挨拶の基本です。

特に、『おはよう』は先手でなければダメです。

誰よりも先に。

それが礼儀です。その礼儀が身についている人は、決して人を傷つけません。だから女性にも安心してもらえ、水口君のように自然とモテるようになるんでしょうね」

「なるほど・・・。でも、これ以上モテたら、俺、ヤバイっすよ」

「そして、次はクツですが・・・」

大村社長は水口の軽口を無視して次へと進んだ。

まるで僕に何かを伝えようとしているかのようだ・・・。いや、これは伝えてくれているのだ。新入社員のマネジメントを。

なにをいわれても、『笑顔で頷きながら聴く』ということを。聴いて、肯定し、そして伝える。まるで営業活動と一緒じゃないか！

紙谷さんが『聴いて、聴いて、聴きまくってください』と僕に教えてくれた、あの基本と同じだ。

耳は二つ、口はひとつ。人はまず聴くことから始まる・・・というあの基本だ。

「クツをそろえると心がそろいます。

心がそろうとクツがそろいます。

脱ぐ時にクツをそろえておけば履くときに心が乱れません。

水口君、椅子も同じですよ。

椅子を戻すとオフィスがそろいます。働く人みんなの心がそろうものです。誰かが乱していたなら、そっと自分でそろえておいて下さい。世界の人々の心がそろうように」

「世界の人の心をそろえるのか・・・。なんか格好いいっすね」

「そうです、格好いいんです。男は格好よくなくちゃ。ねっ、小笠原君」

「あっ、ハイ」突然ふられて僕は慌てた。その時、大村社長はチラッと時計を見た。

腰を上げるタイミングだ。この『間』を僕はなにより大切にしている。紙谷さんからの教えで最初に学んだことだ。瞬間の沈黙を見逃すなと。『間』の中に隠されている相手の意図を察する能力・・・。

僕はすかさず立ち上がった。

「今日は本当にありがとうございました。また、改めてお邪魔させてください」

大村社長も立ち上がる。そして手を伸ばしてきた。しっかり握り合う。その手に「頑張れよ」というエールが込められているような気がした。

「ありがとうございます」多くの気付きを与えて下さったことに頭が下がった。

まだ座っている水口を無理やり立たせて社長室をあとにした。

僕は来た道を戻り、銀座線で新橋へ向かった。もちろん水口も一緒だ。

汐留ジャンクションのそばに、やはり昔お世話になったお客様がいる。

歩きながら文句を並べようと思っていたのに、能天気な水口の横顔を見ていたら言うことを忘れてしまった。

改札を抜け電車に乗ると、水口がノートを取り出しなにやらメモを走らせている。

○　モテるためには礼儀正しく。
○　ハイという返事は命より強い。そして女性にウケる。
○　クツをそろえて世界の中心人物になる。

見るとはなしに覗き込んで、僕は噴出しそうになった。

すると「なんですか覗き見して！勝手に人のアイディアを盗んで使わないで下さいよ」と口を尖らせてきた。

「人のアイディアって、そのメモ？」

「そうですよ、今、こっそり覗き見ていたでしょう」

「ごめん、でも、見たけど大丈夫だよ。絶対真似ないから」

「口ではなんとでもいえますからね。頼みますよ、本当に・・・」

僕は自分のノートに大村社長のことばを整理した。

No
Date ・ ・

① 挨拶の魔法

◇ ことばは命より強い。

◇ 礼儀の基本は挨拶にある。

◇ 挨拶は常に先手。自分から進んで行うこと。

◇ 「ハイ」という返事の実践。

◇ クツをそろえて心を正す。

◇ 立った時は椅子を引く。

椅子を引くとオフィスの心がひとつに整う。

マネジメント

◇ まず聴く。頷きながら聴く。

◇ 褒めてあげ、自信を持たせる。

◇ マネジメントは営業と通じるものが多い。

魔法その2　～叡《えい》　智《ち》～

「信じる勇気と賭ける覚悟。人の叡智が命の呼応を生み人を育てる」

改札を抜けたところで水口が僕を呼び止めた。

「アポイント取ってます？」

「いや、取ってないよ」

「もう、頼みますよ先輩。さっきは僕が変わりに謝ってあげたから大村さんは怒らなかったんですからね。営業マンの基本はアポイントだって知らないわけじゃないでしょう」

水口は僕の胸ポケットの中にある携帯電話を見つめて顎をしゃくった。『おいおい、それが新人の態度かよ・・・』と思いながらも、僕は携帯電話を取り出していた。

「早く電話してください。もう頭下げるのはイヤですからね」

九ヶ月ぶりに東京へ戻ってきた僕は、すべてのお客様に対して電話より先にまず足を運びたかった。留守なら留守でいい。直接行くことが大切で僕にとってはまず顔を出すことがなにより最優先だった。

水口は「早く！」としきりに催促している。

仕方なく携帯電話を耳にあてた。

これから伺うお客様は佐藤先生といって会計士事務所を開いていた。

十数人の職員さんを抱え、多くの顧客を面倒見よく指導している。

電話口の女性は聞き慣れない声の主だった。もう九ヶ月も過ぎているのだから新しい職員さんが増えていて当たり前だった。

何の用かと執拗にヒアリングされ、やっと佐藤先生に電話を廻してもらえた。営業の勧誘電話と間違えられたようだ。

「やぁ、久しぶり！元気だった？」

懐かしい先生の声に僕の顔はほころんだ。

すぐ近くにいて、これから伺いたい旨を伝えると「待っています」と快い返事だった。

「行くぞ！」と携帯電話をポケットに仕舞い水口を振り返った。

「ハイ」と元気な返事が戻ってくる。

「えっ？」

「なんすか？」

「いや・・・、行こうか・・・」

「ハイ」

こいつは意外と素直かも・・・そんなことを考えながら歩き出した。

朝一でオフィスを出てきたが、既に十一時になろうとしている。気温も上がり二人とも汗が流れ出していた。

札幌が恋しい。カラッとした北海道が・・・。

北海道のこの季節は、汗をかくどころか朝晩の寒さの方が目立つ。日中はみんなで春を満喫しながらも、夜はやはり肌寒いものだ。

丁度、先週札幌でも桜の開花が告げられていた。それと同時に僕はこっちへ戻ることになった。

東京の桜は既に散っている。今年は花見をすることなく春が終わってしまったようだ。

逆に梅雨前の暑さが身にしみて、いきなり夏のような変な気分を味わっていた。

途中、一軒の喫茶店をみつけた水口は「先輩、ちょっと涼んで行きましょうよ」と恨めしげに擦り寄ってきた。

「なにいってるんだ、既にアポを取っちゃったろ、急ぐぞ」

そう言いながらもガラス越しに見える店内はとても涼しげだ。張り付いて動こうとしない水口の腕を引っ張った。

その時だった。ガラスの向こうに僕の姿が見えた。

うつむいて手帳を開き、雑誌をテーブルに積み上げている自分。

そんなはずはない。

今、僕はここで水口の腕を引っ張っている。

するとガラスの向こうで僕が顔を上げた。こちらを見る。目と目が合った。中の自分はすぐに顔を伏せ、手にした週刊誌の中に隠れるように体をうずめていた。

ドキッとした。・・・もちろん僕じゃなかった。

昔の僕はもういない。紙谷さんがいなくなったように・・・僕も、もういない。

「行きますよ、先輩。アポ取ったんですから」

たたずむ僕を、今度は逆に水口が引っ張っていた。

「ああ・・・、行こうか」

「しかし、暑いっすね」

「そうだね」

相変わらずオフィス街の喫茶店はビジネスマンで溢れていた。きっとこの中に何人もの昔の僕がいるんだ。

紙谷さん、お元気ですか。
僕は今、新人を連れて営業しています。
水口というヘンテコな男です。
ズボンのお尻からだらしなくワイシャツが出ています。
まだスーツもまともに着こなせない男です。
そして、僕はいつの間にか部下を持つようになっていました。
小さな肩書き付きです。
営業部三課の主任という。

「水口、こっち」

「あっ、ハイ」

ビルの前で立ち止まった。懐かしいビルだ。

入って右奥にエレベーターがある。ビルの外観は立派だけど中は結構古い。そんなことを思い出しながら建物の中へ入っていった。


広い会議テーブルのある部屋で待たされた。

冷房が心地よい。

しばらく風の強く当たる場所で二人して立っていた。

水口はネクタイを緩め、首から冷風を入れている。

「外に戻りたくないっすね」

「うん」

「このまま、理由つけてしばらくここに居ましょうか」

「うん」

「よっしゃあ」

「えっ、バカ、なにいってんだよ」

その時、女性職員さんが麦茶を持って室に入ってきた。

僕たちが座らずに立っていたため、どこにグラスを置こうか迷っている。

「あっ、こっちに下さい。助かるなぁ、もう暑くて喉カラカラ」

そういう水口の頭を後ろから叩いた。

「痛っ、なにするんですか」

ほんの数時間一緒に過ごしただけだが、なんとなく水口の対応が僕にも分かってきた。態度はでかいが乱暴者ではない。逆襲もなさそうだ。それに多少のことではへこみそうにないのでガンガンいこう・・・そう決めた。

汗が引きかけた頃、佐藤先生がメモパッドを持って現れた。懐かしいオレンジ色のメモパッド。佐藤先生のシンボルのようなものだ。

チラッと水口に視線を向ける。またひとりで暴走する前に僕から水口を紹介した。

その水口に向かって「どうだ、仕事は慣れたか？」と佐藤先生が元気よく声をかけた。

「慣れるもなにも、研修が終わって今日が現場初日ですから」

「おい、水口」僕は注意しようとした瞬間、「まあまあ」と佐藤先生が遮る。

「ところで小笠原、札幌はどうだった？」

兄貴肌の気さくさが、昔同様に溢れていることが僕は嬉しかった。たくさんのご縁に恵まれた新人時代。佐藤先生もその一人だった。

「ハイ、最高でした。仕事も私生活も充実していて、人が生きるってこういう生活なんだろうなって感じていたところです」

「そりゃ良かった。北海道へ行った人はみんなそういうけど、東京と何が違うんだろうねぇ」

「多分、時間の流れ方じゃないでしょうか。こっちと違って、ゆっくりというか、優しく時間が流れていきます」

「おっ、小笠原もずいぶん感性豊かな表現を使うようになったじゃないか」

照れくささを感じ僕は静かにうつむいた。

「ところで水口、あんたは幸せだね」

「えっ？なにがですか」

「こんな素晴らしい先輩の下で仕事ができて」

「小笠原さんがですかぁ？」

水口はからだ全体を使って驚きを表現した。

僕はドキドキしていた。今度はまた何をいい出すのかと思って・・・。

「小笠原はとても優秀な営業マンだよ。きっと学ぶことが多くて、この先ビックリするんじゃないか」

「冗談でしょう、佐藤さん。この先輩はダメダメ営業マンの見本なんですから」

「なんだい、そのダメダメの見本って？」

「こらっ、水口！」なんとか黙らせようと口を挟んだが、意に介さず水口は、「この先輩は、僕たち新人の間じゃちょっとした有名人なんですよ。理由は新人研修のとき『ダメ』の見本として紹介されたからなんですが・・・」

佐藤先生が僕の顔を見てニヤッと笑った。

そして静かに水口に向き直り、「水口は素晴らしいね」と告げた。

そのことばに僕が一番驚いた。素晴らしい・・・？・・・なんで？と。

水口も驚いている。そして「どうしてですか？」と聞き返していた。

佐藤先生は僕を見て「小笠原、お前さんは自分の下で働けるかい？」と尋ねてきた。

「自分の下・・・で、ですか？」

「そう、小笠原がもし上司を選べるとしたなら、自分自身を選ぶかってこと」

僕は佐藤先生の視線から目をそらした。

昔からジッと見つめてくる先生の目は、いつも僕の心が見透かされているようで怖くなることがあった。

もし上司を選べるなら・・・？

多分、迷わず僕は紙谷さんを選ぶはずだ。自分の下で働くなんてことはまったく想像すらできない。

「きっと・・・選ばないと思います」

「ほらね、だから水口は素晴らしいじゃないか。自分でも選ばないようなお前さんの下で、こうやって働いてくれてるんだから」

すると水口がキョトンとしながらも、僕に向かって「私を尊敬しなさい」というように胸を張ってきたことがとても憎たらしかった。

「人間なんて自分ほど可愛いものはないだろう。そんな可愛い自分でも、いざ、自分の上司となると考えただけでゾッとするじゃないか。人には厳しく、自分には砂糖のように甘いからね」

「あっ、それ佐藤と砂糖を掛けたんですね」

水口の軽口に、さすがの先生も一瞬黙ってしまったが、あっさり聞き流した。水口はなにが可笑しいのかひとりでウケている。

「私はね、いつも自分自身に問い続けてきていることがあるんだよ。私が社員さんだったら、私という所長の下で働くだろうか、ってね。そしていつも答えはノーだ。

私は絶対に私という人間の下では働かない。絶対ね。ダメな部分が多すぎるし、嫌な自分をこれでもかっていう程分かっているからね。

でも、社員さんたちは、そんな私を所長と慕って下さる。もうありがたくて、感謝以外のなにものでもないよ。だから私は、いつか、自分自身が納得して働けるような、そんな自分になろうと日々修行をしているってわけさ」

佐藤先生が僕を見た。僕は静かにうなずいていた。

「水口は、今、お前さんの部下だろう。ありがたいじゃないか」

「はい」なぜか素直にそう思えた。

「人は、時として自分に賭けるという覚悟が必要だよ。そしてね、ときには部下に賭けることも必要だ。そうやって賭けると、お互いに自分の知らなかった力が湧いてくる。

そうすると、自分を信頼してくれた人と、初めて命と命の呼応が生まれる。

そんときだよ、お前さんたちが本物になれるのは」

「命の呼応・・・ですか」

僕はノートにメモを走らせた。

命の呼応

自分が自分の下で働けるかを問い続ける。

自分に賭けることと同じように、部下にも賭ける勇気を持つ。

お互いに覚悟があって、初めて命の呼応が生まれる。

「もし、水口、あんたが小笠原という上司の苦心が半年で分かったなら、あんたは間違いなく近い将来ひとかどならぬ大物になれるよ」

「大物っすか！それいい響きですね。ねっ、小笠原さん」

また、水口が嬉々としてきた。こいつは褒められるか、それに近い表現が自分に向けられると、一瞬でどこまでも木に登るタイプのようだ。

「上司の苦心なんて、その立場になんなきゃ分かるもんじゃない。でも、その立場にならなくても時々分かっちゃうヤツが居たりするんだよね。

それは、想像によってそれを感じられるヤツなんだ。自分の経験を超越してね。

一種の叡智《えいち》の働きだね。

叡智とは匂いを嗅いで察するという力なんだけど、上司にたてついたり方針に歯向かっている内は「大物」にはなれないよ。

ひねくれていたり、見えている世界が狭いヤツはすぐ毒づいたりするんだ。

要は金魚鉢の中の世界観程度ってことだな。水口、匂いを嗅ぐには素直が一番さ」

「僕、結構鼻は良いんですよ。においに敏感っていうんですか、アレですよアレ」

トンチンカンなことを口走って、なにやら水口もノートにペンを走らせ始めた。

○　大物になるには先輩の苦心を半年で理解すること。↑コレ大物への道
○　追加・・・女の子には賭けてみること。すると命と命が呼応する。↑コレ絶対大切！

覗いている僕に気付いたのか、水口はノートを肩で隠し、「盗まないで下さいよ」と睨んできた。

佐藤先生は内線でアイスコーヒーを持ってくるように指示していた。受話器を置くと僕に向かって「小笠原、水口には『人の心を察する』ことを教えてやるんだよ」といった。「そして、ただひとつ『痛みを分かる人』に育て上げろ。それが人の叡智だ」と。

その後、佐藤先生の顧問先の景気などを聞かせてもらい（もちろん先生には守秘義務があるので、あくまでも一般的な内容だったが）僕たちは頭を下げて事務所を辞した。そんな僕たちを佐藤先生はエレベーターホールまで見送ってくれた。

「小笠原、また、この兄ちゃんを連れて来いよ」

優しさが嬉しかった。

「ありがとうございます」

エレベーターの扉が閉まった。

「せ・ん・ぱ・い」

「なんだよ、気色悪いな」

「僕の偉大さに感謝してくださいよ」

「アホか！」頭を叩いてやった。

「なにするんですか、痛いな。パワハラですよ、パワハラ。佐藤さんがいってたじゃないですか、また僕を連れて来いって。僕のおかげで、また顔を出せるんですからね、分かってんのかなこの先輩は・・・、痛っ、なにすんですか!本当に・・・」

エレベーターが一階に着いた。

No
Date ・ ・

② 叡智《えいち》の魔法

◇ 人の心を酌める人間であること。

◇ そして、誰よりも人の痛みの分かる人であること。

◇ 匂いを嗅ぎ分ける力。

マネジメント

◇ いつも自分に問いかけること
「オマエの下で働けるか」を。

◇ 喜んで働いてくれる部下に対して
感謝の心を持ち続けること。

◇ 自分を信じ、部下を信じ、賭ける覚悟を持つ。

◇ 命と命の呼応を意識する。

魔法その3　～夢を語り合う～
「夢は希望を生み、希望は勇気を育て、勇気は仲間を創る。」

外は暑かった。

それでも季節柄、湿度が高くないだけマシな方だ。

時間はお昼に近かったので、松坂屋へ行ってランチをとることにした。

「なんで松坂屋なんですか」

別に理由はない。

ただ、丸ノ内線で新宿へ戻るために中央通りを歩いていたら、ふと目に留まっただけだった。でも僕は「営業マンは松坂屋でランチって定番だろ」と冗談でいってみた。

すると、「えっ、マジッすか！」と一瞬で話しがまとまってしまったのだ。

エスカレーターの上でなにを食べるのかということで議論した。水口はハンバーグだとかなんだとか色々いっていたが、「できる営業マンのランチはカレーライスだ」というと、これも直に従った。

「ランチは五分、いいな水口、憶えておけよ」

「五分！」

「当たり前だろう、アポとアポの間でメシを食べるんだから。営業マンのランチは丼物かカレーライスって決まりみたいなものなの」

「へぇー、なんとなく分かるような気がします」

「分かるの、本当に」

「分かりますよ」

意味深な答え方だったので、理由を聞いてみた。

すると、「本当は、できる営業マンは数字に余裕があるから優雅にイタリアンとかすき焼き定食とかなんでしょうけど、僕たちダメダメ・チームは、五分で食べて早く次へってね・・・。仕方ないから先輩に付き合いますよ。」と返ってきた。

「なんだよ、そのダメダメ・チームって」

「先輩のせいですからね・・・」と僕を睨んで水口は続けた。

「僕には関係ないんですけどね。小林主任のところの同期二人はイケイケ・チームで、僕は先輩と一緒にダメダメ・チームなんですって」

「誰がそんなことを」

「僕たちです」

「僕たちって？」

「僕たち同期の中で」

「アホか」

「まぁ、ショックでしょうが頑張りましょう。僕がなんとか先輩を引っ張ってあげますから」

そうしてカレー屋さんに入り、僕は普通にポークカレーを頼むと、水口はカツカレーの大盛りをオーダーしていた。

そして、それを水口は本当に五分で食べてしまった。こっちの方があわててしまったくらいだ。

松坂屋を出た僕たちは汗を流しながらみゆき通りを抜け、丸ノ内線の銀座から新宿へと向かった。

「オフィスに戻るんですか」

「いや、戻りません。この後行くところがあるから」

「何処っすか？」

「高砂幼稚園。僕が初めてオーダーを頂いたお客様です」

腕時計を見た。まだ一時を廻ったばかりだ。園長先生には三時でアポを頂いている。

京王線で直ぐの処なので、このまま向かいそこで時間の調整をしよう。

僕と水口は電車に乗り、高砂幼稚園のそばの適当な喫茶店に入った。

「水口はなんで営業を希望したの？」

二人の前にはアイスコーヒーが並んでいた。

「いったじゃないですか、小林先輩に憧れたって」

「それだけの理由？」

「そりゃあ、他にもありますよ」

「他って？」

「営業って自分の仕事の結果がハッキリ数字に出るでしょ」

「そうだね・・・」

「そこでトップだったら、最強ってことですよね」

「最強？」

「そうっすよ。会社の売り上げを支える男じゃないっすか。これってスゴイことですよ」

「そうでもないけどな・・・」

つぶやいた僕に目ざとく水口は突っ込んできた。

「先輩には関係ない話しですよ！これはトップになった男か、それを目指す僕みたいな男にしか分からないロマンですから。そんな深刻な顔して先輩が考える次元じゃありませんから」とあきれた顔で笑っていた。

「水口はトップになりたいんだ」

「もちろんです、なにを当たり前のことを・・・」

「トップになってどうしたいの？」

「マジで質問してるんですかぁ」

「うん・・・けっこうマジだよ」

「いいですか、トップになるってことは、誰よりも早く出世ができて、ボーナスや給料だって誰よりもたくさん貰えて、そうですね・・・そうなると六本木あたりで業界人と飲み歩いて、その後はお決まりのモデルあたりの彼女をつくって・・・」

「お決まりなの？」

「あたり前っすよ。そして誰よりもいい車に乗って、誰よりもお洒落なマンションに住んで・・・あとは・・・」

「それって全部なんのため？」

「なんのためって・・・、普通の感覚ですよ。誰だって・・・そうでしょう」

「じゃあ、水口よりいい給料貰っている人がいたら?」

「もっと頑張って、そいつを抜きます」

「水口よりいい車に乗っている人がいたら」

「もっといい車買います」

「水口より素敵なマンションに住んでいたら」

「すぐ引っ越しますよ。なんなんですか、一体?」

「イヤ、そんなに誰かと比較した人生だと大変だろうなと思って・・・」

「先輩いくつですか?」

「ん、年齢?・・・君の三つ上だけど」

「なんでそんな年寄りくさいことというんですか。三つっていったらまだ二十五ですよね」

「そうだよ」

「もっとポジティブにいきましょうよ。常に上を目指していないと、すぐ僕に追い越されちゃいますよ」

水口からポジティブということばが出てきたことが可笑しかった。

紙谷さんが教えてくれた十二の営業の魔法。その最後がポジティブ・シンキングだった。

ポジティブ・シンキング

真のポジティブ・シンキングは、明確なビジョンのもとで
それに向かって思考を集中し、断固たる勇気を持って行動すること。
身を投げ出す勇気を持って歩き、ビジョンから目をそらさないこと。

ポジティブシンキングとは前向きに考えることと誤解されがちだと、紙谷さんはハッキリといっていた。

まさに水口はその落とし穴にハマっているのだ。

「じゃあ、その全部が手に入ったら、水口はどうするの?」

「そんな簡単に手に入りませんよ。だから今は考えていません。その時がきたら考えればいいじゃないですか」

「意外とすぐにくるかもよ」

「いいですか先輩、世界中の成功者たちは、みんなそれなりに苦労しているんですよ。先輩みたいに会社にぶら下がって毎月給料貰っているだけの人とは違うんですから」

ため息混じりに水口はつぶやくと、ストローで音を立ててアイスコーヒーを飲み干した。

僕は、なんでこんなにもひどいイメージがまとわりついてしまったのか笑いたくなるほど不思議で仕方なかった。

新人研修のトレーナーって誰だ?

オフィスに戻ったら絶対突き止めてやろうと決意した。

「先輩、知ってます?ウィリアム・ローゼンバーグって」

「ウイリアム・ジェイムスなら知ってるけど・・・」

「誰ですか、それ?ジェイムスじゃなくて、ローゼンバーグですよ」

また、大きなため息が水口から聞こえた。

「いいですか、よく聞いてくださいね」

なんだか、どっちが先輩でどっちが新人なのか分からない雰囲気の中で、とりあえず水口の話を聞く姿勢をとった。

そう、姿勢を正し笑顔で相手をしっかり見つめて・・・。

「うっ、なんか先輩・・・雰囲気違いません・・・?」

軽く笑顔で受け流し、そして十分な間を作りながらテーブルにノートを広げた。

心なしか水口が緊張してくるのが分かった。

「ウィリアム・ローゼンバーグっていうのは十四歳で学校をやめたんですよ。その後、電報の配達やトラックの運転手をしていたんですが、最後は訪問セールスなど色々苦労を重ねて小さなドーナッツ屋を開いたんです。それがのちの・・・」

もったいぶる様に一旦ことばを切り、グラスの水をひと口飲むと「あのダンキンドーナッツですよ!」と叫んだ。

そして「世界的なフランチャイズチェーンになった!すごいでしょ」と手を叩いていた。

僕は、大村社長が笑顔で頷きながら水口の話しを聞いたように、「へぇ、それはスゴイね、きっと大変な苦労と努力をしたんだろうね」と真面目に深くうなずき、心から感心してみせた。

　それに気分を良くしたのか、水口のおしゃべりに拍車が掛かった。

　こうなったらまず、聴いて、聴いて、聴きまくってみよう。

「トーマス・S・モナハンは知ってます？」

　僕はゆっくりと首を横に振った。

「えっ！この人も知らないんですかぁ？」と、大袈裟にため息を一度ついてから、もったいぶる様に話し始めた。

「この人はですね・・・、孤児院で育ったあと、海兵隊に入ったんです。退役してからミシガンで小さなピザ屋さんを弟と共同で始めたんです・・・」

　そして、ニヤケ顔で僕を見つめて・・・、

「それがなんと・・・、あの、ドミノ・ピザですよ！」

　水口の顔が興奮で上気し始めている。

「フレデリック・デ・ルカはですね・・・十七歳でコネチカットでサンドイッチ店を開業するんです。それが、いいですか先輩・・・、それが・・・、それが、なんと、あのサブウェイですよ！」

「なるほど、みんな本当にスゴイ人たちばかりだね」

「だから、ポジティブなんですよ。高い理想を掲げて、ガンガン挑戦しなくちゃ」

「それにしても、水口は勉強家だね。僕の知らないことをこんなにたくさん知っているなんて」

「まぁ、夢がある者と無い人の違いですかね」

水口は褒められてニコニコしている。

「先輩もひとつやふたつ、夢を持った方がいいですよ」

僕はことばに詰まりながらも「すると、水口にもやっぱり夢があるんだ」と話しを向けた。

「ぜひ、聞かせてよ」と。

「いやぁ、そんな、人に自慢するわけじゃないっすけど・・・」

「どんな夢？」

「誰にもいわないで下さいよ。ここだけの話しですからね。・・・僕は三年で会社を辞めようと思っています」

「えっ、三年で！」

驚いた。

先月入社したばかりだろう・・・と突っ込みたかったが、今はグッと我慢した。

「ええ。まずトップの成績を残し、その実績でスポンサーを探すんです。石の上にも三年っていいますからね。とりあえず三年間トップで居座った後、スポンサーから資金を得て会社を立ち上げます」

「スポンサーの資金で?自分のお金じゃないんだ」

「あたり前ですよ。いまどき自分でなんて、先輩、古過ぎです」

「そうなの・・・?」

「ヒト、モノ、おカネっていうでしょう。僕自身が、その『ヒト』で、『おカネ』はスポンサー。『モノ』は適当に・・・」

「ものすごい合理的な考えだね」

「そして、僕は大成功を収めて、格好いいスーツを着て、いい車に乗って、モデルみたいな彼女を連れて、毎晩パーティーに繰り出す!素敵でしょう、先輩」

またそれか?と思いながら僕はことばを失っていた。

これが最初の部下なのか・・・と。

でも気を取り直し、どうやって水口に働く意義や思想、そして営業の素晴らしさを伝えるべきなのかを考え始めていた。

水口がいっていることは、確かにある意味での将来設計なのかもしれない。でも「夢」というにはあまりにも小さ過ぎないか？

それとも逆に僕の考え方が甘いのだろうか・・・。

いや、そんなことはない。

夢って『自分がどうなりたいか』よりも、その夢を通して『どんな世の中を創りたいのか』が大切なんだ。

僕の夢は、この職業を通して多くの人を幸せにし、たくさんの『ありがとう』ということばで人生を満たしたいと願っている。

しかし、水口は・・・。

紙谷さんなら、こんな時どうするんだろう・・・。

僕は呼びかけていた。

あれ以来いつも自分の中で限界を超えてしまいそうな時、なぜか紙谷さんを思い出す。

その途端、スーっと心が落ち着き、頭の中からすべての音が消えていく。

客観的に、今、自分のいる場所が見えてきて、どうするべきなのか答えが自然に浮かんでくる。

今も、まさにその瞬間だった。

僕が水口だとしたら、紙谷さんはきっと静かに微笑んで褒めてくれるはずだ『それは、すごいね』と。そして的確な質問が返ってくるだろう。
つまりイエス・バット話法だ。
それも『バット』の部分に秘密が隠されている、あのとびっきりの話法で。

真のイエス・バット

まず相手の話しを頷きながら聞き肯定する。

その話しに対して的確な質問を繰り返す。

すると、相手が質問に答えながら違う考えに自然に気付きだす。

否定するのではなく、相手に質問を投げかけ相手自身にバットの部分を考えさせる。

つまり、自然に違う答を導いてしまうというあのすごい魔法。

僕は落ち着いて、ゆっくり質問を始めた。

このタイミングではあわてないことだ、と自分にいいきかせながら。

「どんなビジネスの会社を立ち上げるの？」

「そうですね、そこが問題なんですよ。まぁ、今の時点では、さっき並べたような成功者たちの真似をして外食チェーンを展開をする会社ですかね」

「それはいいかもね。これからは食文化がとても大切な時代だから。じゃあ、スポンサー選びはやはり食品メーカーとかを当たるの？」

「スポンサー選び？まぁ、それはぼちぼち考えますよ。なんたってトップセールスの実績を持って起業するわけですから、引く手あまたですよ。焦って貧乏クジは引きたくないですからね」

「すると、どこかで水口の営業力が生かされる会社を創るわけだ」

「まぁ、そうですね・・・」

「その仕事を通して、誰に一番喜んでもらいたいの？」

「誰に？」

「そう、誰に喜ばれたいか？」

　水口は黙り込んだ。

「誰にというより・・・自分が一番幸せになりたいに決まっているじゃないですか」

　半分投げやりないい方だった。

「なるほど・・・、お客様のターゲットは？」

「外食チェーンですから・・・ターゲットは親子連れですかね」

「それはいいね。親子で楽しく食事に来てくれて、美味しいものをたくさん食べてもらって、子供が笑顔で両親に感謝する。なんだか考えただけでワクワクしてくるね」

「いやっ、別に、そんな・・・両親に感謝するとか・・・なんか大げさだなぁ、先輩。ただ、僕は安く仕入れてそこそこ儲かる仕組みを作って、それをチェーン展開してお金持ちになるっていうイメージだけですよ」

「でも、喜んでもらわなきゃ儲からないんじゃない」

「そんなことないでしょう。地球には六十億人も人が居るんですよ。日本にだって一億二千万人も。ひとりから百円ずつの利益を出したって、百二十億円になる。それでいいじゃないですか。儲かったあとは、売り払うか辞めちゃえば・・・」

なんだか目の前がクラクラする。本気でいっているのかコイツは。

「先輩！考え過ぎですよ。なんでそこまでムキになって深く考えるんですか？夢ですよ、夢！」

「いや、そうじゃなくて・・・」

日本はこんなんでいいのか？・・・紙谷さん・・・僕はイエス・バットをマスターできていません。導きたい方向へぜんぜん水口を誘導できません。まったく正しい質問ができません。

なにが違うのだろう・・・紙谷さんと僕はなにが違うのだろう・・・。

その時だった。僕の中に電流が流れたのは。

人間力

自分の人間力を高めなければ、いつも足元しか見られない

小っぽけ視野で終わってしまう。

人は成長しなければならない。

成長することで遠くまで見渡せ、広く世間を見られるんです。

紙谷さんはいっていた。営業とは人間力だと。技術じゃないんだと。

僕は今、小手先の技術で水口を導こうとしていた。そして見事に失敗した。

僕自身の問題だ。

僕がまだまだ小っぽけ過ぎるんだ。

もう少し時間をかけて、水口と話しをしよう。先は長いんだ。焦ってはダメだ。

僕は気を取り直していった。

「水口、頑張れよ。応援するから」

「エッ、マジッすか。ありがとうございます。だけどダメダメの先輩に応援されても・・・なんだか力になるのかどうか・・・でも、まぁ、なんか少しだけ勇気は湧いてきました。まぁ、先輩、ポジティブでいきましょう！」と僕の肩を叩いてきた。

そのあからさまな水口の笑顔に、正直、僕はへこんでいた。

しかし、これが水口の『夢』ならとりあえず応援していこう。

急ぐことはない。あわてちゃダメだ・・・と、僕は再び自分にいいきかせた。

「なんだか、先輩、アレっすね。夢を語り合ったことで、すごい先輩との距離が近くなりましたね。なんとなく先輩が好きになってきちゃいましたよ」

「そうですか・・・ありがとう・・・」

「次は先輩の夢も聞かせてくださいね。いやぁ、男同士はコレですよね、やっぱり夢ですよね。男のロマン。コレ最高っすね」

時計は三時になろうとしていた。

No
Date ・ ・

③ 夢を語り合う魔法

◇ 部下と夢を語り合う。

◇ 部下の夢を否定しない。

◇ どんな夢であろうと、その夢を応援する。

マネジメント

◇ 人間力を高めなければ、人の育成はできない。

◇ 小手先で接しても人は動かない。

魔法その4　～言　葉～

「使ってよいことばと、使ってはいけないことばがある。そして、ことばは命よりも重たい」

相変わらず園長先生の笑顔はとても優しかった。

そして懐かしかった。

紙谷さんとの日々や初めて契約をいただいたあの日が鮮明に思い出される。

水口を紹介してから僕は七台の空気清浄機を一通りチェックして廻った。

「点検にいらっしゃる方がとてもいい人たちなのよ」

ニコニコしながら園長先生はおっしゃってくれた。

そんなはずのないことを僕はよく知っていた。

保守点検の部署は技術者ばかりのせいか決して愛想は良くない。

たまに『横柄』だとクレームに近い小言もいわれた。

ただ、みんな悪気があるわけではないのだ。少しだけコミュニケーションが不器用なだけだた。

園長先生は、きっとこの太陽のような人柄で、そんな人たちをも包みこんでくれているのだろう。そして、いつも感謝のことばを口に出してくれている。

だからこそ、誰もが『もう少しだけ一生懸命になろう』と頑張ってしまう。人間にある本来の『善』を引き出す力を園長先生は持っているのだ。

それは園長先生が口癖のようにいう『ありがとう』ということばなのだと思う。

点検を終えて僕たちは園長先生の部屋にいた。

「その後はどう、小笠原さん?ちゃんとご飯食べて睡眠をとっている」

「はい」僕は赤面しながらも素直に頭を下げていた。園長先生の口ぶりは、まるで田舎の祖母のようだった。

「水口さんも良かったわね。こんな素敵な先輩とお仕事ができて」

「はぁ・・・」

「小笠原さんは、会社で一番の成績を上げていらっしゃるんですよ」

「えっ?誰がですか」

水口が飲みかけの麦茶を噴出しかけた。

「ここにいる、あなたの先輩ですよ」

園長先生はティッシュペーパーを手渡しながら水口に改めて伝えた。

「小笠原先輩が・・・ですか」

「ええ」

「嘘だぁ！」

急に大声を張り上げたものだから、僕と園長先生は同時にビックリした。

「園長先生、ここにいる先輩はですね、会社でも有名なダメダメ営業マンなんですよ」と立ち上がりムキになって説明していた。

「ええ、知ってますわよ。それは本当に最初はぜんぜんでしたわ。ねぇ、小笠原さん」

「あっ、はい」

突然こっちにふられて僕は返事に困った。

「この子は入社してからの半年間、ずっと契約が取れなかったのよ、ねぇ」

「はい・・・」また返事に困る。

「でも、最初の契約を取ってからはすごかったのよ。札幌へ転勤になるまでの二年間、ずっとトップだったんですから。私も嬉しくて嬉しくて、たくさん応援させていただいたのよ。なんだか自分のことみたいで、それは幸せだったわ」

「その節は、本当にありがとうございました。園長先生が僕にとって最初のお客様でした。そして、その後はたくさんのお知り合いの方をご紹介してくださいました。僕が今あるのは園長先生のお蔭だと今も感謝しています」

「とんでもありません。小笠原さんが一生懸命頑張ったからです。人は必ず見ていてくれるものよ、一生懸命な人を」

水口はポカンと口を開けて、僕と園長先生の会話を聞いている。

「それに、あなたは必ず誰かを紹介すると、結果がどうであれキチンと報告を毎回くださったでしょう。あの姿勢はとても立派でしたよ。

だから私も安心して次から次へと余計な人まで紹介しちゃったわね」

「とんでもありません。すべて僕には勉強になる方たちばかりでした」

「ホホホ、ところで、あなたのお師匠さん・・・ええと・・・」

「紙谷さんですか?」

「そうそう、紙谷さん。その方とは再会できまして?」

「いいえ、それがまだです。紙谷さんはハワイに行ったきりで。この夏休みを使って会ってこようかと思っています」

「そう、絶対に会いにいくべきよ。お師匠さんには定期的に会わなきゃダメ。どんなことをしても」

「はい」

僕は、今改めて決意を固めた。やはりハワイへ行こう。紙谷さんに会いに。

「小笠原さん、師匠の教えというものは文字を読んだり、聞いたことばを書きとめるだけではダメなのよ。その人の『ことば』で聞かないと」

「ことば・・・ですか」

「そう。『ことば』にその人の想いが詰まっているものなの」

その通りかもしれない。

僕は紙谷さんから学んだことをノートに残した。

そして、何度も何度も読み返している。今でも・・・。

それなのに日々薄れていく。僕の中でなにかが消えていく。

最近は紙谷さんの真似をしても、まったく通用しないことが多々あった。

「園長先生」

僕は正直に悩みを聞いてもらおうと思った。

「紙谷さんと同じ『ことば』を使っても、相手の心に響かないのはなぜなのでしょうか」

園長先生はしばらくジッと考えてから僕を見つめてこういった。

「ことばとは、それを発する人によってまるで響きが変わってしまうものなのね」

そのひとことに、今朝のオフィスでの水口との会話を思い出していた。ことば遣いのひどい水口に対して紙谷さんの真似をして『まずことばを磨け』といってみた。

でも、水口から返ってきたのは『もっと具体的な指示を出せ』という返事だった。

まったく僕のことばは水口に伝わらなかった。

でも、大村社長に指導されてから、水口は少しずつ「はい」と返事をしだしている。

「小笠原さん、『ことば』というものは、ひとりひとりがそれぞれの一生を背負って発しているの。だから、同じことばでも違って当たり前なのね。ひとりひとりの『生きざま』という根っ子が違えば、その根から伸びる枝も葉も違うものになります」

「つまり、命の根っ子の違いが、ことばの違いになるのですね」

背負っているもの、背負ってきたものの重さが違うんだ。ことばはそれらを全部乗せて発せられているんだ。

「そして、書いたものを読むのと直接その本人から聞いたものとでは、もっと次元が違ってきます。書いたものを平面とするなら、聞くことは立体。だから、書いたものを読んだだけではダメ。師匠について直接学ばないと」

いつになく水口が真剣な顔をしている。

「本によって気付きや学びを得たなら、その人に会わなければダメよ。本当の意味の学びとは

『分かる』ことなの。『知っている』と『分かる』では雲泥の差となります。学びの頂点は『分かる』ことです」

「分かるためには・・・？」

「それは『伝える』ことです」

「えっ？」

「つまり、水口君に今日までのあなたの学びを『伝える』んですよ」

「僕が・・・水口に」

「そうです。それが『学び』の仕上げです。知っていることを人に伝えることができて、初めて人は『分かる』ものなのよ」

園長先生は水口を育てろといっている。横にいる水口を見た。水口は一点を見つめたまま動かない。なにかを考えているような顔だ。

「小笠原さん、読んだ本は忘れますよね。でも、師を忘れる人はいないでしょう。今では『恩師』なんてことばは使い古されたかもしれませんが、あなたにとって紙谷さんはまさに恩師よね。そして、紙谷さんを忘れることは決して無いはずよ。それはことばで心が結ばれたからなの」

園長先生は僕の顔を見て一度大きく頷いた。

「ことばはね命よりも強いのよ」

大村社長と同じことを園長先生はいった。

「命は一度きりでしょう。でも、ことばは人を生まれ変わらせることができるのよ。ダメな営業マンだったあなたを、紙谷さんはことばで生まれ変わらせたでしょう」

「はい。僕は日々、紙谷さんのことばでドンドン違う人間に変わっていきました」

「だからこそ紙谷さんとは会い続けなきゃダメよ。一生の中でそんな『師』と出会える人は少ないのだから。そのご縁はとても大切なことなのよ。しっかり育ててね」

「ありがとうございます。やっと紙谷さんと再会する勇気が湧いてきました。正直、僕は会うのが怖かったのかもしれません。もっと成長してから・・・もっと大きくなってから・・・と、いつも自分の中で言い訳ばかりしていました」

「それは人生の中で一番無駄な考えだわ。人間はその億劫がる心を刻々と切り捨てなければダメ。特に齢を重ねるごとに、すさまじい勇気をもってそれを捨てなければ。できない理由、やれない理由は、齢を重ねるごとにドンドン上手になっていくのよ、私みたいに」

アハハと園長先生が笑う。

「でも、私のように無駄な歳月ばかり重ねると良く分かるの。結局は、『できなかった』のでも、『やれなかった』のでもなく、ただ、『やらなかった』だけだったということが」

「園長先生、ありがとうございます」

僕は目頭が熱くなっていた。

園長先生の前に来ると、なぜかいつも泣いているような気がした。

「せっかくなので、小笠原さんに私が最近学んだことを伝えておくわ。昔から優れた人は皆ことばの慎みについて深く考えていたの。その中でも江戸時代の偉いお坊さんに慈雲尊者《じうんそんじゃ》という方がいて、「十善法語《じゅうぜんほうご》」という素晴らしい教えを残されています。

その十戒の中で、なんと四つも『ことば』について戒めています。

ことばの四戒

不妄語《ふもうご》・・・でたらめをいってはいけない。

不悪口《ふあっく》・・・人の悪口をいってはいけない。

不両舌《ふりょうぜつ》・・・人が仲たがいするようなことをいってはいけない。

不綺語《ふきご》・・・おべんちゃらをいってはいけない。

この四つは人生の中で、絶対にいってはいけないことばだそうよ。小笠原さん、あなたの営業という職業は、誰よりもことばを大切にする職業よね。参考にしていただけると嬉しいわ」

「ありがとうございます、園長先生」

「それと・・・」

「はい？」

「悪いことばは、使わないだけでなく聞いてもいけないの」

「聞いても」

「そう、人の悪口や嘘、誹謗、中傷など、もしそういう会話がなされている場所に同席してしまったら静かに席を立つか、耳をふさぐのです」

「自分が発しないだけじゃなく、聞いていてもダメだということですね」

「そうよ、聞いているだけでも発しているのと同じなの」

僕はノートにメモを走らせた。

魔法その5　～ただ見ていてあげること～

「自信とは自分を信じる力ではない。信じてくれる人が、自分に自信を与えてくれる」

帰り道の水口は人が変わったように無口だった。

「どうした?」ときいても、「いえ、なんでもありません」と答えるだけで、ずっとひとりでなにかを考えている。

電車の中でもオフィスへ戻る道すがらでも、結局水口はひとことも喋らなかった。

僕たちオフィスへ戻ったのは夕方の六時を回っていた。

「ただいま!」元気よくドアを開けた。

「おう、お帰り!」と張りのある声で迎えてくれたのは小林さんだった。

「小林先輩!」一瞬で疲れが吹っ飛んだ。

「なにが先輩だ!今じゃお前と同じ主任というタイトルだよ。偉くなったなお前も」

「とんでもないです。それより出張だったんですよね」

「ああ、仙台からさっき戻ってきたところさ」

そういいながら僕の後ろに立つ水口に目をくれて「こいつか、お前んとこの新人？」と値踏みするような視線で頭のてっぺんから爪先までジロジロ見ていた。

水口は直立不動で立ち尽くしている。

そんな水口を横目に小林さんは「どうだコイツは？」と目で質問を投げてきた。

僕はニコッと笑いながらうなずく。

「ふーん・・・」と小林さんは顎の無精髭を撫でていた。

「それより小笠原、また、お前と競い合う日々が戻ってきたな」

話題を変えるように僕の肩を叩くと、奥にある営業部唯一の応接セットへ顎をしゃくってきた。僕はうなずき、鞄をデスクにもどすと小林さんの後に続いてソファに腰掛けた。

なぜか水口もついてくる。

「ん？どうした水口」

「えっ・・・いや、そのう・・・」

「こっからは主任同士の会話なの。幹部ミーティング。新人はあっちへ行ってろ」

小林さんが冗談とも取れぬ口調で言い放った。

水口はショボンとして自分の席へ戻っていった。

「どうだ、あいつ」

「なかなか面白いですよ」

「使えるか？」

「まだ分かりませんが、面白いヤツですよ。場慣れしているというか度胸があります。それに明るいし」

「ふーん」

「小林さんの下には、二人入ったんですよね」

「ああ。だけどもう帰ったみたいだよ、定時に」

「初日ですから仕方ないですよ」

「でも、お前んとこは残っているじゃないか」

「いや、それは今まで僕と一緒だったから」

「初日から同行させたのか。度胸あるなお前も」

「そんなんじゃありません。なにを教えればいいのか分からなくて・・・」

「うちの二人は、松本によると『行ってきます』と朝出かけたっきり、定時五分前に戻ってきて、俺に挨拶もなくそのまま『お疲れ様でした』といなくなったよ」

「あはは、そんなもんじゃないですか」

「明日からガッツリ調教してやる」

「それなんですが小林さん、ぜひ教えていただきたいことがあります」

「なんだよ、改まって・・・」

「新人にはなにから教えればいいのか、アドバイスをいただけませんか」

「お前の新人の頃を思い出せばいいんだよ。教えることより歩かせることだろ」

「僕の新人の頃ですか・・・あまり参考にならないと思います。僕はダメダメ営業マンでしたから」

「なんだよ、そのダメダメって」

「あっ、今日一日、水口にいわれ続けたんですよ。僕はダメダメ営業マンだったたって」

「あははっ、本当のことじゃん、それ」

「そういえば、今年の新人研修って一体誰がトレーナーだったのか知りませんか？」

「どうして」

「いえ、そのトレーナーが、ずっと僕を例に挙げて『ダメダメ』を連発していたようなんです」

「ははっ、そりゃぁそうだろう」

「えっ、どうしてですか?誰か知っているなら教えてくださいよ」

先輩がいいってことになって。それで、お前と同期だった星野が担当したはずだぞ」

「今年からやり方が変わったんだよ。今までみたいに人事でトレーニングするよりも、現場の
「エッ！星野ですか！」

「星の王子様」

「王子様？」

「王子様だよ」


「あいつ・・・」

「仕方ないだろう。入社した時は星野の方が成績良かったのに、急にお前が伸びだしちゃって、今じゃ主任様だもん。平のあいつのささやかな抵抗だろう」

僕はオフィスの中に視線を走らせ星野を探した。居た！

「星野ぉ！」

叫んで立ち上がると、「お先に」とさっさと逃げるように帰ってしまった。

あの天体オタクめ！明日ゆっくり締め上げてやる。

「どうぞ」

突然、缶コーヒーを三本持って水口が現れた。

「おっ、サンキュー」と小林さんが受け取っている。『気が利くな』と思いながら僕も受け取

った。

「どうした？」

水口が立ったまま、残りの一本を持っていた。

「いや、その、いいですか？座っても」

そういうと、返事も待たずに僕の横に腰掛けていた。

「確かに度胸はあるみたいだな、こいつ」

小林さんがあきれていた。

「新入社員の水口翔太です」と座ったまま頭を下げた途端「立って挨拶しろ！」と小林さんが一喝した。「営業はマナー第一だ」と。

あわてて立ち上がり、改めて頭を下げた水口に「よし、素直でいいぞ、お前」と小林さんはニヤッと笑ってみせた。

学生時代バリバリの運動部だった小林さんはメチャクチャ上下関係とか礼儀にはうるさい。学年は僕とひとつしか違わないが、浪人に留年と年齢は三歳上だ。

しかも、髭が濃く態度がでかいので実際よりすごい大人に感じてしまう。

「いいか水口、人は当たり前のことをしても誰も褒めちゃくれない。だけど、当たり前のことができないと必ず文句をいうんだ。だから最低限のマナーってもんはきちんと身に付けろよ」

「はい！」

水口は僕に接する態度とはぜんぜん違い、背筋を伸ばして返事をしていた。そして、いつもなら勝手に飲み始めているのに、自腹で買ってきた缶コーヒーにさえ手をつけていない。

「小笠原、今日はどうだった？」

「はい、三件お客様を回ったら、もうこんな時間でした」

「お前は、ひとりひとりのお客様と人間的につながりを作るタイプだから、積もる話しに花が咲いたろ」

「ええ、相変わらず学ぶことが多くて、感謝するばかりです」

「一冊一顧客ノートの復活だな」

「いやぁ、本当にありがとうございます。小林さんの教えのおかげで、今もすごい役に立っています。今日も、そのノートがあったおかげで、ブランクを感じずに済みました」

「ライバルのカンバックに乾杯だな」そういって二人して缶コーヒーのプルトップを引いた。

「あっ、それ、乾杯の乾は缶コーヒーの缶で缶杯ですか」と突然の水口の乱入に小林さんのパンチが飛んだ。

「痛っ、なにするんですかぁ」

「黙ってろ、新米は」

「はい・・・すみません」

水口はおでこをさすりながらうつむいた。

僕は可笑しかった。そして、なんだか水口を好きになっていることに気がついた。

「出られるか？」

「はい。マネジャーに報告をあげたら終わりです」

「よし、メシ喰いに行こうか」

「あっ、僕の歓迎会ですね」

バシッ。

水口がおでこをおさえていた。

大ガードを潜って歌舞伎町に向かった。区役所通りに馴染みの居酒屋があるらしい。

なぜか水口も一緒だった。

「ダメダメとエリートのコラボレーションですね」と訳の分からないことをいいながらはしゃいでる。

「おっ、例のダメダメだな」と僕を見てニヤッと笑う。

「小林主任じゃなく先輩のことですから気にしないで下さい。先輩はダメダメ社員らしいので」

「アホかお前。こいつは入社半年後から札幌へ転勤するまでの二年間、ずっと会社でトップだったスーパー営業マンなんだぞ」

「えぇえっ、えぇぇ」

「お前、どこから声出してんだよ」

「だって・・・、だって、小笠原さんが・・・トップ？」

「だってもへちまもあるかよ。それになんだ、そのタメ口は」

「いや、あっ、すみません」

「小笠原はな、格好よくいうと苦悩と挫折から這い上がった傷だらけの英雄なんだよ。お前がタメ口をきくなんて百万年早いの。まぁ、俺は確かにエリートだけどな。無傷のチャンピオンとでもいうの」

「じゃぁ、園長先生がいっていたのは本当だったんですか・・・」

「なんだ水口、疑ってたの？」

「はい・・・帰り道、いくら考えても・・・、でも・・・まさか」

それで水口は無口だったんだ。高砂幼稚園の後、ひとこともしゃべらなかった理由がやっと分かって僕は可笑しくなった。

そんなこんなで騒ぎながら歩いているうちに、僕たちは居酒屋に到着していた。

月曜日なのに店は混んでいて、小上がりは既にいっぱいだった。

小林さんを真ん中にして僕たち三人は並んでカウンターに座った。

烏賊ゲソとシシャモを肴に僕と水口が一杯目のビールを飲み終える頃、小林さんは既にビールを三杯も空けていた。

「先輩、トップだったって本当ですか？」

水口がまだいっている。

「トップっていったら会社の売上げを支えるんですよ。それにモデルみたいな彼女をもって、高級車に乗って、六本木で飲んで・・・ここ、歌舞伎町じゃないですか」

「なんだ、そのモデルって」

小林さんが水口の方を見た。

「こいつの夢なんですよ。成績トップの営業マンはモデルの彼女を持つって」

「夢？そんなもんが夢か。水口、男ならもっとでかい夢をもてよ、おまえ」

ビール！といって小林さんは四杯目を頼んでいた。僕たちも二杯目をオーダーする。

「水口、小笠原はスゲー師匠と出会ったんだよ、知ってるか」

小林さんが真面目な顔で話しかけた。

「紙谷さんですよね」

「なんだ、おまえ知っているのか」

「いえ、今日同行した時、幼稚園の園長先生がいっていました」

「そうか聞いたか。こいつの快進撃は本当に伝説になっているんだよ。奈落の底から這い上がった傷だらけの英雄としてな」

「じゃあ、トップってやっぱり本当なんですね、すげー」

僕を見る水口の目が昼間とうって変わった。なんだかこそばゆい眼差しだった。

「こいつはお前みたいな新人の頃、朝六時から師匠と勉強して、誰よりも早く出社し、オフィスの掃除をひとりでやり続けたんだ。それもトップになった後もずっーとだぞ。驕ることもなく威張ることもなく、ただ、コツコツと。札幌へ転勤する日の朝も、こいつはひとりで掃除して、オフィスに一礼して旅立っていったんだ」

「オフィスに一礼？」

「そうだよ。ありがとうございましたって」

「なんで頭下げるんですか」

水口が僕を見た。

「別に深い意味はないけど、ただ、感謝したくてさ」

「なんの感謝ですか」

「いや、昔僕は武道を習っていたんだ。その頃から道場の出入りは必ず礼をするよう教わっていて、習慣みたいなものかな・・・」

「道場とオフィスは違うじゃないっすか」

「うん、そうなんだけど。僕たちは仕事を通して人生を学んでいるわけだから、僕にとってオフィスは道場と一緒なんだ。そう、人生道場かな」

「なんか、先輩演歌調っすね」

バシッと、水口のおでこを小林さんが張った。

「痛っ・・・」

「お前ね、軽口叩く前に真似してみろよ。新米は先輩を真似ることからスタートするもんだろ」

「一礼の真似ですか・・・?」

「それも当たり前だけど、朝の掃除だよ、掃除。できるかお前に」

「できますよ、僕だって」

「お前何時に起きてる?」

「いえ・・・その・・・ギリギリまで・・・」

「お前にはトップは無理だ」

「そんなぁ、僕もやります。早起き」

「酔った勢いでいうのと、本当にやるのとは大違いだよ。そして、やり続けるってことはもっと大変なことさ。根性とか意地とかを超越した部分だ。それこそ明確な夢がなきゃできることじゃない」

「僕だって夢がありますからできます」

「モデルの姉ちゃんか?小笠原の夢とは次元が違うんだよ。こいつの夢は、もしかすると一生手にできないかもしれない。でも、小笠原なら手にするかもしれない。そんな夢さ」

「先輩!」

水口が勢いよく僕の方へ身を乗り出した。

「昼間、僕の夢をきいたんですから、今度は先輩の夢を聞かせてください」

こいつはビール一杯で酔っているのか?・・・もしかすると酒癖が悪いのかも・・・ふと頭をよぎった。

「先輩、夢!」声が大きかった・・・。

「僕は・・・、僕の夢は誰を幸せにするのかを追求し続けることです。営業という職業を通して誰を幸せにできるのか」

「なんですか。それ？」

「そのうち分かるよ、水口にも」

「ぜんぜん分かりません」

「だから、そのうち・・・。この答えが見つかるまで、僕は絶対にあきらめないんだ。どんな困難があっても。折れない心で営業し続ける」

　自分に言い聞かせるようにつぶやいていた。

「でも小林さん、なんで毎日の掃除のことや転勤の朝のことを知っているんですか」

「お前を真似たんだよ」

「えっ？」

「お前に抜かれた後、俺だって悔しくて仕方なかった。だから努力したのさ。初心に戻ろうと思って、後輩のお前を素直な心で認め、そして真似をしたのさ」

「どういうことですか？」

「毎朝、俺もオフィスへ行ってたんだ。だけど、やっぱりお前と一緒に掃除はできなかった。どこかに意地みたいなものが残っていたんだな。だから、その代わりに花園神社のゴミ拾いを毎朝やってから会社に行ってたんだ」

「本当ですか！」

紙谷さん・・・僕は、今、無性に紙谷さんに会いたいです・・・。
ここに紙谷さんはなぜいないんでしょうか。
小林さんは・・・会ったこともない紙谷さんを
スゴイといってくれます。
自分を褒められている以上に嬉しいです・・・。

本気の人を必ず見ていてくれる人がいる。
紙谷さんがいっていたことは、
なにからなにまで本当でした。
そして・・・、そして僕は紙谷さんから
本当に人生の奇跡をいただきました。
素晴らしい奇跡を・・・紙谷さん・・・
ありがとうございます。

声にならない感謝で溢れていた。

「小笠原」

「はい」

「人は自信を失ったらすべてを失うんだ。憶えておけよ」

そういって小林さんは先輩に言われたという『心の富』という教訓を教えてくれた。

小林さんが新人のときに売上げコンテストで負けたらしい。

新人賞を逃し、ひとり静かに落ち込んでいた時、勝ち負けにこだわった貧しい心を先輩が戒めてくれたそうだ。

心の富

お金を失うということは小さな富を失うこと。
信用を失うということは大きな富を失うこと。
しかし、自信を失うということは全てを失うことだ。

そういって、『自信』の大切さを教えてくれたらしい。

「小林さん、ありがとうございます」

「今度はお前が見ていてやる番だよ」

「えっ？」

小林さんが水口を指差した。

「新人に教えることなんて唯ひとつでいいんだよ。いつでも『お前のことを見ているぞ』って。どんな時でも、俺が後ろにいるんだから・・・と」

「僕が・・・水口を？」

「そうだよ。見守っていてやるんだよ、お前が」

僕は水口を見た。

これから僕が彼を見守る番なのか・・・。

水口と目が合った。僕は静かにうなずいてみせた。

「先輩・・・はやく夢を聞かせてくださいよ・・・」

水口がシシャモの頭を振り回しながら大声を張り上げた。

その目はしっかり据わっている。ヤバイ・・・ビール一杯で酔っている。

No
Date　・　・

⑤　ただ見ている魔法

◇　自分のことを見ていてくれる人が
いるだけで人は安心できる。

◇　自分の苦悩を理解してくれる人がいることで
人は安心できる。

◇　いつも後ろで見守っていてくれることが
感謝の心になる。

マネジメント

◇　部下が自信を失う前に、
自分が信じていることを伝える。

魔法その6　〜歴　史〜

「人を育てるということは、五年、十年の先を考えるのではなく、千年、二千年の先を考えること」

窓を開けた。朝の空気が心地よかった。

東京の青空は朝の時間にしか見ることができない。人々が動き出す頃には、うっすらと一枚の膜が空にかかってしまう。

そういえば、僕は北海道で大地から太陽が昇り、山間に沈む堂々たる景色を見たとき、溢れるほどの充足感が心に訪れた感動を今でも忘れられない。

ビルの谷間で働き続ける東京での生活。見上げる空は、日毎に狭くなっていく。

開け放った窓のそばに椅子を持っていき、毎朝の日課となっている読書を始めた。最近はビジネス書といっても、スキルやノウハウ本は読まなくなっていた。哲学書というほどの難しい本ではないが、生き方、考え方、在り方が書かれた道徳的な本が主流だ。

北海道時代、お世話になった太田先生という弁護士から頂いた一冊の本が引き金となった。

「小笠原さん、自分の人生が大きく開眼する三つの経験というのがあります。そして、そのどれかひとつでも我が身にふりかかったとき、人は大きく成長するそうです」

「三つの経験・・・ですか」

「はい。ひとつは大失恋。二つ目は親の死。三つ目は大病だそうです」

そういって神渡良平さんが書いた「下坐に生きる」（致知出版）という一冊の本を下さった。

「この作家は、働き盛りのとき脳梗塞で倒れました。半身不随という絶望から這い上がったとき『人にはそれぞれなすべき使命がある』と開眼したそうです」

その夜、早速頂いた本を読んだ。

そして、僕は溢れ出る涙をおさえることができなかった。自分に足りないものが、すべてその本の中に書かれていた。

それ以来『朝』というすべての始まりの時間に、正しい心を確認するための読書を始めた。紙谷さんと過ごした日々を思い出すように。

そして毎朝、六時を回った頃、僕は出かける準備に取り掛かる。

時間にゆとりを持つこと。それが僕にとって一番大切な学びであり、継続し続けていることのひとつでもあった。

時間にゆとりがあると、すべての人、すべての出来事に『優しく』なれる。

営業は数字との戦いだ。

『ゆとり』が心から失われると、ついつい『利』に走り出す自分がいた。紙谷さんから直接学んだ最後の言葉が『先義後利』だった。利益は後で、まず正しい生き方が先だという教え。論語の中から「利を見ては義を思え」という道徳を教えてくださった。

そして、それを最後に・・・

紙谷さんはいなくなった・・・。

紙谷さん、お元気ですか。
僕は毎日ワクワク人生をおくっています。
そんな僕が、自信を失いかけていたあの時、
紙谷さんは僕に『あなたは選ばれた人です』と、
勇気をくれたことを憶えていますか。
僕は迷い込んだ道で恐怖に怖気づいていました。
そのことばで、再び胸を張ることができました。
明日を信じろ・・・。
『信じる心』が恐怖を打ち消すただひとつの方法だと。
熱く、情熱的に、悠々と今日を受け止めろと教えてくれました。
ありがとうございます。
今日もまた、素晴らしい朝が来ました。
行って来ます。

新しい部屋は阿佐ヶ谷に借りていた。新宿までの途中に中野を通る。電車の窓からあの喫茶店が見えるのだ。

早朝の中央線は座席に余裕がある。それでも僕は吊革にぶら下がったまま電車に揺られていた。そして、あの喫茶店が車窓から見える時、僕は静かに頭を下げていた。

新宿南口の改札を抜け甲州街道を渡りオフィスへ向かった。

ビルを入り、昨日マネジャーから渡された新しいカードキーを取り出しながらエレベーターで七階へ向かう。

いつも感じることだが、誰もいない早朝のオフィスはなぜか神聖だった。笑われそうだが、この空気に触れるたびに僕は絶対神様っていると思ってしまう。

朝というこの瞬間にその存在を感じてしまうのだ。

窓を開け空気を入れ替えながら、僕は手早く雑巾がけを済ませた。

四十席以上あるデスクと電話を丁寧に拭いていくと優に三十分は掛かる。

それから自分の席で今日回る予定の『一冊一顧客』ノートを読み返し、今までの経緯やご縁の根源などを確認しながら一日の流れを組み立てていく。

みんなが揃うまでにはまだ一時間以上ある。

コーヒーを入れ、ノートを読み返しながら僕は水口のことを考えていた。

なにをどう伝えたらいいのかまったく見当がつかない。考えても埒が明かないので今日も自分に同行させることに決めた。

僕の営業スタイルは基本的に社長営業といって、常に組織のトップに直接会うことを心掛けてきた。挨拶回りも必然的に社長さんたちになる。

経営者のみなさんは、全員がそれなりに人を育てる達人たちだ。

そうだ、たくさんの経営者の方に新人育成の方法を教えてもらおう・・・。

虫が良すぎるかな、と思いながらもなんだかワクワクしている自分がいた。

そうしている内に、いつの間にか一人また一人と仲間たちが出社して来た。目立たないように腰掛けている星野の姿もあった。

僕と目を合わせないように顔の前に新聞を広げている。

小林さんは二人の新人を前になにやら指導的なことばを投げかけているようだ。

もうすぐ九時の朝礼が始まるというのに水口の姿がない。

「遅刻かよ・・・」と思ったところへ、ハーハーいいながら水口が駆け込んできた。

「おはようございます」と席に到着するまでの間、みんなに挨拶してやってくる。

「先輩、おはようございます。いやぁ、部屋を出た瞬間、熊に出くわしちゃって」

真顔で言ったかと思うと「冗談ですよ、冗談。北海道じゃあるまいし・・・ね、先輩。それより遅刻じゃないですよね。いやぁ危なかった、ぎりぎりセーフですよね」と手の甲で汗を拭いていた。

各課に分かれての朝礼が始まった。マネジャーからの訓示や連絡事項の後に、それぞれ今日の目標と行動予定を確認し合う。

朝礼の後、みんなが出掛ける準備を始める中、僕は既に鞄を手に「行って来ます」と出口へ歩き出していた。

水口が慌てて追いかけてくる。

小林さんも準備は早かった。前日から今日の予定を組み立てていたに違いない。新人二人の内のひとりを連れて既に出掛けるところだった。

「昨日はご馳走様です」エレベーターで小林さんに頭を下げた。水口もそれに習う。

「今日はどっち方面を廻るんだ?」

「川崎方面です。やはり昔、大変お世話になった社長さんがいるものですから」

「こいつも一緒?」水口を見て言った。

「はい、しばらく連れ回します」

「競争だな。どっちが先に新人にオーダーを書かせるか」

「ハイ」

ビルの外で僕たちは別れた。

今日は東横線で武蔵小杉まで行く予定だと水口に伝えた。

そこにバルブのメンテナンスをしている和田社長の会社があった。

電車に揺られて到着した僕たちを、和田社長は心から歓迎してくれた。

水口は昨日と打って変わって、なぜか物腰に謙虚さが出ていた。僕の後ろにピタッと張付いて、まるで秘書かなにかのようで少し気恥ずかしかったが・・・それでも暴走されるよりはましだ。

「和田社長、今年は何人新卒を採られたのですか」

氷の浮いた麦茶を前に僕は訊ねた。早速、育成のコツを教わろうと思ったからだ。

なぜなら、和田社長ほど真剣に人を育てることに取り組んでいる人を、僕は見たことがない。教えてもらうなら『この人』しかいないと思っていた。

「今年はね、すごくいい子達が来てくれて四人も採用できたんだよ」

「すごいですね」

「いやぁ、有難いことです。うちのような仕事は嫌われて当たり前だろう」

「そんなことありませんよ」

「作業着を着て爪の中を真っ黒にする仕事だから、若い子たちは嫌なもんです。だけど我社のような会社がなければ、清掃工場も発電所も水道局も困っちゃう。すべての工場にバルブが必要だからね」

水口は熱心にノートを取っている。

「でもね、小笠原君、僕はこの仕事に、ものすごい誇りを感じているんだ。最近は特にね」

「と、いいますと」

「環境問題さ。本気で取り組まなきゃいけない世の中になっている。バルブのクオリティを高め、メンテナンスをきっちりやることでエネルギー効率が格段に良くなるんだ。

うちの商売は縁の下の力持ち的なもので、決して目立ちはしないよね。

だけど、地球の温暖化現象を最前線で食い止める、そんな仕事をしていることに気付いたんだよ」

昔から和田社長は『会社は公器』だと言っていた。

中小企業といえども決して社長個人のモノではなく、世間様からの預かりモノだと。

売り上げはまさにその代表で、『頼むぞ、任せるぞ』と世間様がお金を預けてくれる。だから信用を重んじ、信頼を裏切らないことを第一に考えるのだと。

そして、今は地球の環境問題に対して新たな挑戦を始めたようだ。

和田社長はそういってひとつのことばを教えてくださった。
それは江戸時代の名儒『佐藤一斎』の言志晩録の一節、『三学戒《さんがくかい》』だと教えてくれた。

三学戒

少《わか》くして学べば則《すなわ》ち壮にして為《な》すことあり

壮にして学べば則ち老いて衰えず

老にして学べば則ち死して朽ちず

「これは、人はみな志によって生かされるということです。

志さえあれば誰でもひとかどの人物になれる。

若くして志を立てコツコツ続けると中年でひとつの形に到達できる。

そこから次へ向かって再び努力すると、一生のものとなる。

そうして身に付けたものに満足せず、志の下で更なる工夫をすることで、初めて人々に喜んでもらえるものを残せるという教えです。

齢を重ねても衰えず、末代まで語り継がれてこそ、その人の人生が高いレベルであったことを顕《あらわ》すものです」

僕も水口もノートにメモを走らせた。

「コマーシャルなどで次から次と新商品を宣伝し、世界の企業は今日まで売り上げを競ってきたけど、これからは違う。

また、業績が悪くなるとすぐ人を辞めさせたりしてきたけど、これも間違いです。

すべて効率という考えが軸にあったからだよね。でも、効率なんてもんは志の欠片にもならない。大切なのは『この先どこへ向かい、どんな世の中にしたいのか』を真剣に考え商売をしなきゃならない」

どんな世にしたいのか・・・僕はそのことばが胸に突き刺さった。誰を幸せにしたいのか、その問いと『どんな世にしたいのか』と共通するような気がした。

「五年や十年、商売を続けようなんて考えるから『効率』なんていう小さな合理主義に惑わされるんだよ。私たちは千年も二千年も、自分たちの仕事を続けて、そして完成させることを考えなきゃいけない。すると、どんな子もひとりひとりがとても大切に思えてくる。それに、そうやって考えると、足元の、器用、不器用なんてもっと小さなことにしか思えないんだ」

「千年、二千年と続けるんですか・・・」

　水口も僕も驚いていた。

「だって、小笠原君、この国は昨日今日生まれたわけじゃないんだ。しっかりとした歴史と文化を持っている。それが一度の戦争に敗れて、戦勝国に歴史も文化も否定された。すべて過ちだったと教育されてしまった。だけど、違うぞ。歴史を捨てたらお終いなんだ。歴史は誇りとなる、生きることのね。負けたことも含めて誇りなんだ。自分の会社の歴史や、考え方、文化をしっかり社長は社員さんたちに語り続けなきゃいけない。それが経営者の義務であり、働いてくれている人たちの誇りとして育っていくんです」

「歴史は誇り・・・」

「小笠原君は自分の会社の歴史を知っているかい？」

「コンプトン工業の歴史ですか？」

「そう、ルーツを」

「いえ・・・知りません」

「そうか・・・知らないか。だとすると迷ったり悩んだりした時、なにを軸に考え、それを乗り切るんだろうね」

「歴史は知りませんが理念や社訓は・・・」

「企業理念や社訓などは、歴史的背景をしっかり理解して初めて『分かる』ものさ。『知っている』ことと『分かっている』ことは大違いだよ」

和田社長も高砂幼稚園の園長先生と同じことを言った。知っていると、分かる、は違うと。

「私たち経営者は、社員さんたちにこの会社がなぜ世に現れたのか、当時はどんな想いだったのか、そしてそれがどう変化して今に至ったのか・・・常に語り続け、また語り継いでいかなきゃいけないのさ。そういう歴史の裏付けがあって初めて理念が身に沁みるんだよ」

「なんとなく分かるような気がします」

「あはは、すまないね、説教じみたことを・・・」

「いえ、とんでもありません」

「でも、そうやって自分の会社のことを知っておかないと、お客様からクレームが発生したりトラブルが起こったりしたとき、どう対処するのか・・・。

また、成績の悪い時や、もしくは人間関係なんかで悩んだ時、それをどう乗り越えるのか・・・。

これらは全て自分の中に育まれた歴史観から答えは導かれるものなんだよ。自分たちは何処から来て、何処へ向かっているのか。それが分かっていると、ひとつひとつの問題は通過点でしかないんだ。

最近は若い子の離職率が高いなんて新聞なんかで書かれているけど、全部経営者の責任だよね。

効率にばかり目が向いて肝心な教育が疎かになっちゃってる。うちも人様のことは言えないけど、これからは昔の日本のように、人としての在り方をしっかり企業が教育していく時代なんだろうね。

昔の偉大な企業家はみんなやっていたことなんだ。松下幸之助はいつも道徳を教え、本田宗一郎はゲンコツで若い子達に仕事への姿勢を説き続けた。

どうやったら儲かるとか、損だの得だのなんて別に教えもしなかった」

僕は自分自身を反省していた。その通りなのかもしれない。『売上げを上げろ』といわれ続けていたとき僕はただ毎日悩むしかなかった。

紙谷さんと出会わなければ、働く意義に気付かなかった。

紙谷さんはそんな僕に『売らない営業』を指導した。ただお客様の悩みを聴き続ける良き相談者であれと諭し続けてくれた。

「無駄をなくすことと、効率を上げることは似て非なりさ。これは日本文化と欧米文化の違いなんだけど、日本語でひとつだけ英語にできないことばがあるのを知っているかい」

「すきやき・・・だ」水口が声をあげた。

チラッと和田社長は水口を見たが、何も言わなかった。

「もったいない・・・ということばだよ。このことばの意味を欧米人は理解できないんだ。そしてピタッと当てはまる英語も存在しない。『もったいない』という考えは日本古来の大切な文化なのさ。今じゃ、日本人も使わなくなったことばだけど、世界中の人々が『もったいない』精神を理解した時、地球の環境問題は一晩で解決できるんじゃないかとさえ思えてしまう。もしかすると、地球を救うのは日本人にしかできないかもしれないよ」

そう言って和田社長は大声で笑っていた。

僕は水口に小声で「なにがすき焼きだよ・・・」と注意した。「すみません」と水口は囁き返してきた。

「小笠原君、歴史を学びなさい」

「はい」

「自分の会社の歴史、故郷の歴史、そしてこの国の歴史を。先人に学ぶんだ。先人の叡智に包まれてみなさい。そこに素晴らしい誇りが溢れているから」

「ハイ！」僕と一緒に水口も元気よく返事をしていた。

No
Date ・ ・

⑥ 歴史の魔法

◇ 歴史は誇りとなる。

◇ 仕事とは歴史観を持って臨むこと。

◇ 千年、二千年続けることを考えてこそ
高い志となる。

◇ 『勿体無い』と『効率』は、まったくの別物。

◇ 先人の叡智に、働くことの正しい姿勢が
溢れている。

マネジメント

◇ 会社の歴史を次の者達へしっかり伝え残す。

魔法その7　～時　間～

「時間に振り回される人から時間をコントロールする人へ」

もったいないという言葉が頭から離れなかった。

「なぁ水口・・・」

「ハイ、先輩」

武蔵小杉の駅へ向かう道すがら、二人肩を並べて、なんとなくしんみりと歩いていた。

「僕たちはいつからこんなに不自由になったんだろうな・・・」

「えっ、不自由・・・?」

「うん。時代は便利を謳歌しているけど、僕たちの暮らしって便利になればなるほど不自由を感じていないか。例えば携帯電話って便利だけど、どこにいても連絡が入ってくるし、インターネットで何でも調べられるけど、部屋にこもりっきりで季節の変わり目なんかを見過ごしてしまったりと・・・。なんだか、ひとつの便利を手に入れるごとに、ひとつずつ自由を失くしているような・・・」

水口の歩調が遅くなった。僕は立ち止まり水口を振り返る。

「先輩」

「うん？」

いつになく真面目な顔の水口が立っていた。

「僕たちは二十四時間眠らずに明かりを灯し続けて、この国は豊かだというマスコミのことばを鵜呑みにしていますよね」

「うん」

「でもテレビを見続けることや、コンビニで弁当を買ったりすることが本当に豊かなことなんでしょうか？

さっきの和田社長がいっていた『もったいない』ということばが僕は耳から離れないんですが」

僕もその言葉を考えていた。

僕たちはどれだけのモノを犠牲にすれば、心の底から本当に満足するのだろうか？

いつからこんなに僕たちの暮らしは偏ってしまったのだろう。平気で食べ物を残したり捨てたりしている。

そして、いつでも僕たちは時間に追われている。

いつも見えない何かに心がおびえている。

こんなにモノが溢れ、こんなに便利なのに、気が付けば僕たちは孤独になっている。

少し歩けばコンビニがあって、夜中に雑誌を買うこともできる。でも、それって必要なんだろうか？

一晩眠れば優しい心を取り戻せるのに、身勝手な心のまま簡単に人を傷つけるようなメールを平気で送りつけるようになっている。

ポケットの中で携帯がふるえる度、そんな心無いメールの文面に一喜一憂している女子高生たちが溢れている。

生まれた時から便利な中で暮らして、ことばや文書ではない『顔文字や絵文字』で心を伝えあっているけど、本当の友情が育っているのだろうか。

二十四時間テレビ番組を放送し続ける意味ってなんなんだろう。『いち早く情報をあなたに届ける』というが、マスで届けられるものを情報というのだろうか。

殺人事件や交通事故、母子殺人、保険金詐欺など、そういう事件を本当に知っていなければならないのだろうか。それより、お年寄りに席をゆずった小学生や、重たい荷物を持ってあげた人や、困っている人を助けてあげた人のニュースがなぜ伝えられないのだろうか・・・。

ネガティブな情報の中で僕たちは育っている。

子供たちも、殺人、強盗、誘拐、自殺、横領などを、毎日見るとはなしに見せられ、聞くとはなしに聞かされ続けている。

優しさを伝える人は何処にもいない。

眩しいばかりの感動と涙で心を包んでくれる人は何処にもいなくなった。

損得での判断ばかりが当たり前のように横行し、善悪での判断を越えてしまっている。

いつからこんなに僕たちはわがままになったのか？

いつからこんなに時間に追われだしたのか？

いつからこんなにお金に縛られるようになったのか？

そして、いつから見えない恐怖に怯える毎日になったのだろう。

「水口」

「ハイ」

「今日から便利と欲望を捨てよう」

「いいっすね。格好いいな、それ」

「僕たちはひとつの便利を手に入れるごとに、ひとつの自由を失くしたんだから、便利と欲望を捨てて、もう一度自由を取り戻そうよ」

「そうしましょう、僕は大賛成です。先輩、まずなにを捨てましょうか？」

二人で考え込んだ。なにを捨てればいいのか・・・。

「携帯電話はどうでしょう」と水口。

「いやっ、それはまずいよ。会社からの支給品だから・・・」と僕。

「じゃあパソコン」

「うん・・・だけど見積もりを作れなくなるよ」

「それなら車」

「僕たち元々持ってないじゃん」

「じゃあ、どうしたらいいんですか！」と水口が口を尖らせた。

確かにその通りだった。どうしたらいいんだ・・・。

この便利な暮らしに僕たちは慣れすぎてしまっている。

「水口、僕たちにとって一番大切なものってなんだろうな・・・」

「そりゃあお金に決まっているじゃないっすか」

「本当にそうかな・・・」

「当たり前っすよ」

「でも、お金はなくなったってまた稼げるよ」

「でも、お金がないと、このあと電車にも乗れませんよ」

何かもっと他にあるはずだ・・・。

「そうだ、時間だ！」

「時間を捨てるんですか・・・そんなことできるわけないっすよ」

「いや、そうじゃなくて、テレビだよテレビ」

「テレビを捨てるんですか」

「捨ててもいいけど、見ることをやめるんだよ。コンセントを抜いてリモコンを何処かにしまっちゃうんだ」

「それと時間とどんな関係があるんです？」

「お金は使ってもまた稼げるけど、時間は過ぎたら取り返せないだろ」

「当たり前ですよ」

「だから、一番『もったいない』ことは無駄な時間を過ごすことじゃないのかな」

「あっ、確かに！先輩、それですよ」

「テレビって絶対見なきゃならないものでもないだろう」

「でも、連ドラで面白いのをやってるんですよね・・・」

「それだよ、そうやってドンドン無駄な時間を過ごしてしまうんだよ。よし、決めた。僕は今日からテレビを片付けてしまおう」

「そんな・・・マジッすか」

「別に水口にもやれっていうわけじゃないから、気にするなよ」

「やりますよ、僕も！」

「無理するなって」

「でも、今までテレビを見ていた時間、なにしましょうか・・・」

「そうだな・・・」

「こうやって考えると、かなりの時間ですよね。僕なんか、まず部屋に帰ったらすぐにテレビをつけてましたから。見ている見ていないに関わらず、寝るまでずっとつけたまんまですよ」

「それって何時間になるんだろう」

「一日五時間としても、一週間で三十五時間・・・土日はもっとだから四十時間近いんじゃないっすか！」

「すごいね」

「先輩、これ本当にすごいことですよ。一日って二十四時間ですよね。ということは、他の人みんながテレビを見ているときに、僕たちだけ違うことに時間を使っていたら、僕たちだけ一週間が七日じゃなくって、八日半もある計算ですよ」

「おっ、本当だ。四十時間分、長いわけだ」

「よし、僕も今日からテレビやめます」

いつの間にか、僕たちはホームに来ていた。二人で『テレビは敵だ！』なんて騒ぎながら電車に乗り込んだ。

水口は、まだ話しの続きをしたがっていたが、僕は次の訪問のための準備に入った。

一冊一顧客ノートを取り出し、これから行く工務店さんの今までの経緯を確認していると、

「先輩、そのノートなんですか？」と水口が覗き込んできた。

「見る？」と水口に渡した。パラパラとめくっている。

「これは新人時代に小林さんが教えてくれたんだ」

「小林主任が」

「うん。一冊にひとつの顧客だけの情報を書き込めって。その中にすべてのことを日記調にインプットしていくんだ。どんな話しを誰としたか。誰がお茶を出してくれたか。話題に上った話、よその会社の情報、何気なく聞いた取引業者さんの名前や色々な会社の社長さんの名前、なんでもかんでも書いておくんだ」

「へえー、すごいですね」

「訪問前に、そのノートをチェックすると、どんなに時間が経っていても、今までのことを鮮

明に思い出せるのと、これからどんな提案をすればよいのか、またはどんな相談に対応すればよいのかがハッキリと見えてくるんだ」

「僕も真似ていいですか」

「もちろん。早く顧客を増やしてどんどんノートを書いていきなよ。ただ、絶対にパソコンで仕上げちゃダメだよ」

「どうしてですか？」

「手書きが大事なんだよ。強調するところを大きく書いたり太く書いたりと、その時の状況は手書きで残すからこそ鮮明に思い出せるんだ。デジタルにしちゃうと雰囲気が甦ってこないからね」

「分かりました。僕も早く何十冊ってノートを持ちたいな」

「水口・・・」

「はい、なんでしょう」

「ところでお前、ずいぶん昨日と態度が違わない？」

「そうっすか」

「絶対違うよ。『はい』って返事をするし、やけに素直だし。態度も謙虚で」

「僕も社会人ですからね。学生気分じゃいられませんよ、先輩」

「それだけ？」

「それだけって？」

「そんな簡単に人って変わるのかなと思って」

「そりゃあ、昨日初めて会ったときは『ダメダメ』の烙印が押されていましたから、僕も気が入らなかったんですよ。まさか小林主任を抑えて先輩がトップだったなんて・・・」

「じゃあ、もし、僕がそのままのダメダメ営業マンだったら、どうなっていたの」

「そんなの分かりませんが・・・多分」

「多分？」

「馬鹿にしてたと思います・・・」

「じゃあ、昨日までは馬鹿にしていたってことだ」

「はい・・・まあ・・・」

「ははは、素直だね。多分、水口は元々素直なんだろうね。

だけど、人を、その人の成績で判断し接し方を変えるような人間になっちゃダメだよ。

いつもただひとりの自分で居なくちゃ。さっき和田社長が言っていたじゃない。長い目で見たら、その時その時の出来不出来なんてたいしたことないって」

「はい・・・」

「その人が本物かどうかは、周りの噂や意見で判断するんじゃなく、長い時間を掛けて自分の目で判断しなきゃ。それまでは、どんな人に対しても真摯にお付き合いしないといとね」

「すみません・・・」

本当に昨日までの水口とは別人だった。

でも、これが他人の目なのだとも感じていた。本当の自分がどうであろうと、人はその人のイメージで判断してしまう。

本当は優秀なのに優秀じゃないと思われたり、その逆で、だらし無いのに几帳面だと思われたり・・・イメージとは怖いものだ。

まして、意図的に噂を流されてしまったら、知らない人はそのまま受け止めてしまうことだろう。

ナンバーワン理論というベストセラーの本や他にも何十冊とスゴイ本を書いている西田文郎先生の講演でも同じことをいっていた。

『イメージデザイン』を大切にしなさいと。

本当の自分より、周りの評価が人生を左右することがあると。

イメージデザイン

自分で思う「中身」より、「評判」のほうが大切である。

※ツキの大原則　西田文郎著　現代書林より

「昔、村松弁護士という先生の事務所へ営業に行ったんだ」

「村松先生？」

「そう。初めて営業にいったとき、こんなことを言われたんだ・・・」

僕は三年前のことを思い出しながら水口に伝えた。

初めて村松先生の事務所へ飛び込んだ時、『一年後にもう一度おいでよ。そのときも同じ仕事をしていたらお前さんから空気清浄機を買うからさ』と。

なぜですかと聞くと、私は『本物』としか付き合いたくない。

昨日今日ですぐ辞めてしまう営業マンが多いからね、と。

そして、その人が本物かどうかの判断は最低でも一年はかかる。

人の紹介であろうと何であろうと、やっぱり自分でしっかり判断したいのさ。

だから、お前さんが一年後もその笑顔と元気でいられたら、お前さんを本物と信じて付き合うよって。

僕は、それから毎月顔を出し続けた。でもその間、絶対に営業はしなかった。そして丁度一年が過ぎたとき、村松先生の前にオーダー用紙を一枚出した。

先生はニコッと笑って『二台頼むよ』と判子を押してくれた。

なんだかスゴイ幸せを感じたことを憶えている。男として認められたような不思議な気分だった。

「スゴイ話しですね」

「うん、僕の中の伝説のひとつだよ。村松先生の口癖が『あいつは本物かね？』なんだ。人と会った後、必ずそうつぶやくんだ」

「本物かどうかですか・・・。先輩、僕はどうでしょう?本物でしょうか」

「お前さ、本物だっていわれたいんだろうけど、今の話し聞いてた？」

「もちろんですよ」

「それなら、アホな質問するなよ。村松先生ほどの人でも判断するのに最低でも一年掛かってるんだよ。まだ、水口と会って二日目だろ」

「それでも、男は男を知るっていうじゃありませんか」

僕は水口を無視してノートに視線を戻した。

「先輩、どう思います?僕も本物ですよね」

「多分な・・・」

「なんですか、そのいい加減な返事は。ちゃんと答えてくださいよ」

「はいはい」

「だから、そうじゃなくて・・・！」

電車が渋谷に到着した。山手線に乗り換えて原宿へ向かわなければならない。僕は水口を無視してホームへ降りた。向かう先はラフォーレ原宿の裏で工務店を経営している田中社長のところだった。駅から歩いて十分くらいだ。

「ところで水口は二十四時間を何等分してるの？」

乗り換えのホームへ向かいながら後ろを付いてくる水口に聞いた。

「何等分って、なんですか」

「一日って二十四時間じゃない。先日、人材紹介の会社を営む渡辺社長の話しを聞いたんだけど、渡辺さんは四つの時間軸を持っているんだ」

4つの時間軸

1 睡眠

2 アウトプット（働く時間）

3 インプット（学ぶ・感性を磨く）

4 プライベート（健康管理・食事など）

「単純に四等分すると、ひとつの時間軸が六時間。そのひとつひとつを自分に合わせて増やしたり減らしたりしながら毎日を組み立てているんだって」

「僕は三等分ですね。・・・寝るのと仕事と遊ぶので三つです」

「うん、いいんじゃない。そうやって時間軸という意識を持つことが大切らしいんだ。僕たちみたいに若いうちから時間管理を憶えて毎日を過ごすことが、無駄な時間を作らないコツじゃないかな。時間に振り回される側から、時間をコントロールする人になるんだ」

「そうか、そうやって考えると、今この瞬間、自分はどの時間軸にいるかが明確ですね。なんだか、その瞬間の目的がハッキリしてくるようで・・・」

「そうなんだよ。例えば今はアウトプットの時間。つまり自分のすべてを出し切って成果を追求するわけだ。水口の時間軸なら今は『仕事』の時間だよね」

「はい、なんだかこの考え方を意識すると、この後の遊びのことを忘れますね。この瞬間の仕事に打ち込める気がします」

「ははっ、遊びのこと考えていたの」

「そういうわけじゃないっすけど・・・例え話ですよ」

「ごめんごめん茶化して。でも、本当にこういう考えって大切なんだよ。インプットの時間は、徹底的に本を読んだり映画を観たり美術館に行ったりする。そうやって毎日感性を磨くことが大切だといっていた」

「そうか・・・、仕事を八時間として、睡眠を六時間・・・。先輩、毎日十時間も遊べますよ」

「うん、でも毎日十時間も本当に遊んでるのかな・・・」

「そうか、それがテレビやなんかでダラダラとした時間だったんですね。うわぁ、凄くもったいないっすね」

「うん、もったいない。だから水口もそこにインプットの時間軸を加えたらいいんだよ」

「学ぶ時間ですね」

「そう、学びの時間。僕は、睡眠は七時間で、仕事も十時間はしたいから、残り七時間。インプットに五時間使ったとして、プライベートは二時間。結構いいかも、これ。彼女ができたら変更すればいいし」

「えっ、先輩彼女いないんですか」

「お前いるの？」

「いや、僕は新米ですから・・・でも、先輩トップだったんでしょう。モデルはどうしたんですか、モデルは？」

「またそれかい・・・。そのイメージやめたら」

「いえ、絶対僕はトップになってモデルの彼女を作ります」

水口の決意は固そうだった。

「そうだ、モデルの子と出会うための時間軸も用意しないと・・・」

ひとりでブツブツいっていた。

No
Date ・ ・

⑦ 時間の魔法

◇ お金は失くしてもまた稼げばいいが、

時間は過ぎたら取り返せない。

◇ 人生最大の無駄は、時間の無駄遣いだ。

◇ 24時間に目的別の時間軸を用意する。

◇ ４つの時間軸。

（睡眠・アウトプット・インプット・プライベート）

◇ 時間管理という概念をもち、

時間を自由にコントロールする。

※ 便利というまやかしを捨てたとき、

自由を手にできる・・・。テレビを捨てよう。

マネジメント

◇ 新人にはインプット（学ぶ）の時間を創らせる。

魔法その8　～傍《はた》　楽《らく》～

「人生は自分のためあらず。大切な仲間を幸せにすることが人生の使命」

お昼前ぎりぎりに原宿へ着いた僕たちは急ぎ足で竹下通りを進んだ。

田中社長の会社はいつ訪問しても居心地が良かった。今日も汗を拭き拭き到着すると、入口にウエルカムボードが立ててあり、そこに『ようこそ小笠原様』と書かれていた。

「おじゃまします」僕と水口は元気良く玄関を入った。

一階はリビングを模したサロンになっていて、明るい日差しが大きな窓からそそがれている。システムキッチンが受け付けカウンターになっていて、エプロンをした女性スタッフが笑顔で迎えてくれた。

そのまま『書斎』と書かれた広い部屋へ通される。大きなテーブルセット、ふかふかのソファセット、巨大スピーカーにアンプ、そして素敵なホームシアターが設置され、壁には黒人ジャズプレーヤーのレコードジャケットが並んでいた。

これも、僕たちへの気遣いだと知っていた。僕たちが遠慮しないで食べられるよう、故意に無邪気を演じてくれているのだ。

僕は水口に目配せをすると、元気に「いただきます」と食べはじめた。水口もそれに習う。

「オガ、最近誰かを喜ばせてますか？」

玉子焼きを一口大にしながら質問してきた。これも田中社長の口癖だ。『人は誰かを喜ばすために生かされているのだ』と。

「いいえ、それが最近ぜんぜんです。自分のことで精一杯で・・・」

「うーん、それは感謝の心が足りてない証拠だね」

「水口君、君は誰かを喜ばせた？」

「えっ、はい？」

口一杯にご飯を頬張りながら、なんのことやら分からないという顔で僕に助けを求めている。

「水口君、人はね、常に人の為たらんです。五体満足で生まれたのは一生懸命世間様の役に立つように働きなさいっていうことです」

水口は、どうリアクションすればいいのか分からず、ご飯を慌てて飲み込むしかないようだった。

そんな水口を見て、人はわずか一日でこんなに成長するものなのかと僕は驚いていた。昨日までの水口なら、諭されていることにも気付かずきっと軽口を叩き、また説教されているとも分からずヘラヘラと笑っていたはずだ。

しかし、今日の水口は頼もしかった。なんとなく堂々としているし、なにより一緒にいる僕が安心していられた。

お弁当を僕たちが食べ終わるのを待って「働くという漢字を書けますか」と田中社長はメモ用紙とペンを水口の方へ向けた。

水口は『働く』と書いた。

「うん、そうです。でもこれからはこう書いてください」

そういって田中社長は『働く』の横に『傍楽』と書いた。

「傍とは『そば』という意味です。そばの人を楽にしてあげる行為を働くというのです。もっと端的にいうならば、そばの人を喜ばせてあげることです」

「例えば、水口さん、人は自分のためにする努力と、人のためにする努力と、どっちが一生懸命になれると思います？」

水口が考え込んでいる。僕も一緒になって考えていた。

「やっぱり自分のため・・・というか、自分の目標を達成するために頑張る時が一番頑張れるんじゃないでしょうか」

「本当にそうですか」

微笑みながら田中社長が水口の目を見ていた。水口はその視線に耐えられないのか、スッと俯いた。

「オガはどう思います？」

分からなかった。

営業という仕事は、『お客様の問題を解決し、成長という感動を共に共有することにある』と紙谷さんに教わった。

そして、売らない営業を心掛けた時から急に成績が伸びだしていた。

それは自分のためだったのか・・・、お客様のためだったのか・・・。僕は売れない自分に嫌気がさしていた。だから売れるようになりたいと心から祈った。

それ自体は自分のためだった。

「・・・分かりません」

「先輩、ズルイっすよ。どちらか選ばなきゃ」

「うん、でも、本当に分からないんだ。自分が今日まで来られたことが自分のためだったのか、誰かのためだったのか？

でも、誰かのためだったとしたなら、それはいったい誰のためだったのか・・・」

僕たちのやり取りを聞きながら、「今、二人に二十キロの荷物を預けたとしましょうか・・・」と田中社長が静かに口を開いた。

・・・・・・・・・・・・

その二十キロの荷物を「高尾山の頂上まで届けて欲しい」と頼んだとします。

水口君は「ハイッ！」と元気にそれを背負って歩き出しました。

もちろんバイト料は払います。五万円、悪くはないでしょう・・・。

お金を受け取り、水口君は元気良く歩き出します。

京王線に乗って高尾山の入口に着きました。

そこから二十キロの荷物を背負って頂上へ届けなくてはなりません。

暑い日でした。喉はカラカラ、お腹も減ります。荷物はめちゃめちゃ重い。

ショルダーが両肩に食い込んできて痛いのなんの・・・。

途中、何度も休憩を繰り返しはするが足は棒のようになり、動くことを拒んできます。

でも、お金をいただいた以上、最後までやり遂げなければならない・・・。

「こんなに辛いなら、この仕事を引き受けなければ良かった・・・」と心はボヤキ続けます。

しかし、水口君はこの仕事を引き受けてしまった。五万円のバイト料と引き換えに。

さて、時を同じくして、別の若者が同じような荷物を背負って水口君を追い越していきました。

若者は黙々と脇目もふらず一歩一歩必死に歩き続けています。

水口君はその子に話しかけるんだね。

「やぁ、何処へ行くの？」

「頂上まで・・・」

若者は話し掛けられたことが迷惑だったように先を急ごうとする。

「えっ、同じ処だ！」

君は仲間がいたことを無邪気に喜んだ。

そして、「ねぇ、そんなにあわてなくてもいいじゃないか・・・。目的地は一緒だから、のんびりお喋りでもしながら行こうよ」

しかし、若者は君に関心がないかのようにドンドン歩いていってしまう。

水口君はその背中に大声で叫ぶんだ。

「君は、いくらのバイト料で引き受けたの！」と。

若者は驚いて足を止め、ゆっくり振り返ってこう言った。

「そんなの貰ってないよ」

「えっ？」

「バイト料なんか貰っていないよ。この荷物は薬なんだ。この先で、母さんがこの薬を今か今かと待っているんだ」

それを聞いた君はことばを失った。

若者は大粒の汗を流しながら、「先を急ぐから・・・」と、また黙々と歩きはじめた。

水口君、あなたはその背中に決して追いつくことはできなかったんだよ。
・・・・・・・・・・
僕は何もいえなかった。水口も同じようだ。

「傍楽（働く）とは、誰かのために一生懸命になることをいいます。実は、自分のために頑張っている人は結構いい加減なものです。なぜなら自分があきらめたら、すべてを投げ出せるからです」

田中社長はそういってニコニコ笑いながら続けた。

「誰かのために必死になれる人は、途中であきらめません。途中で投げ出しません。妥協しません。薬を今か今かと待っている母親。その薬がなければ死んでしまうかもしれないとしたなら、もう必死です。二十キロの荷物なんか重くもなんともありません。多分、心臓が破裂しようとも歩き続けるでしょう」

そう思いませんか・・・と、水口に田中社長が問いかけた。

「はい、僕は絶対歩き続けて、間違いなくその薬を届けます。一分でも一秒でも早く」

「それが誰かのために頑張った時の本当の力なんです。水口君、その頑張りがあれば、あなたは間違いなく素晴らしい友を得られますよ。そういう友をたくさん創ってください。そしてその友のために毎日一生懸命傍楽（働く）のですよ」

僕を見て田中社長が笑う。僕は感動していた。

僕の今日までは、きっと紙谷さんのためにあったんだ。紙谷さんに喜んでもらいたい一心だった。

自分の成績とか給料とかじゃなく、紙谷さんに頑張る自分を評価してもらいたかったんだ。

「自分の人生なんだから、自分のために生きろとか、一回の人生、自分の好きなことをしなさいなどと、無責任なアドバイスをする大人に惑わされちゃダメですよ。自分の人生は自分のためあらず、です。そんなひ弱な考えで仕事をすると、必ず途中で投げ出してしまいます。いつも誰を幸せにしたいかを考え続けることです」

衝撃が走った。紙谷さんと同じことを田中社長がいったからだ。

「もし、自分の人生のためだけに仕事をしているなら、きっと、どんな仕事であろうと、あなたには粘りも熱意もゴールを求める情熱すらなく、不平と不満ばかりを心にためるはずです。

あなたが傍楽ことで、あなたの親兄弟はきっと幸せになります。

あなたが傍楽ことで、あなたの町はきっと豊かになります。

あなたが傍楽ことで、あなたの愛する人はきっと幸せになります。

あなたは『頑張り人』なのです」

水口の目に薄っすらと涙が浮かんでいた。なにも喋れないでいる。今は僕も喋りたくはなかった。

田中社長はそんな僕たちの心境を察知したようにトイレに行くフリをして席を外してくれた。

しばらく僕たちは無言で今のことについて考えていた・・・。

「先輩・・・」

水口だった。

「なに？」

「僕、甘かったようです」

「なにが？」

「起業するって夢」

「どうして・・・」

「上手くはいえませんが、あんな考えでは、きっと起業してもすぐにダメになると思えてきました。世間て広いですね」

「そうだね・・・世間にはスゴイ人たちが一杯いるんだね」

「はい」

No
Date　・　・

⑧　傍楽の魔法

◇　毎日誰かを喜ばすことを考える。

◇　働くとは傍楽ということ。

◇　誰かのために頑張ることが本当の努力を生む。

◇　いつも誰を幸せにしたいのかを考えること。

◇　世間は広い。スゴイ人たちが一杯いる。

マネジメント

◇　働く意義は『傍楽』ことだと教える。

魔法その9　～ご　縁～
「感謝の心がご縁を結ぶ」

水口を同行しての挨拶廻りも一ヶ月が過ぎ、いつの間にか呼吸がぴったり合うようになっていた。しっかり空気を読み取るようになり、僕は水口との同行営業を楽しく感じ始めてもいた。

そして、とうとう挨拶廻りも今日で終わろうとしていた・・・。

「次が最後のお客様だよ」

水口に向かって僕は告げた。

「えっ、そうなんですか・・・」

一瞬、二人の間を静寂が包む。

毎日軽口を叩き続けた水口が黙り込んでいた。

僕たちは肩を並べ、お客様の会社へ黙々と向かっていた。

「ここだよ」

一件のビルの前で立ち止まる。入口を見つめ水口に向かってうなずく。

無言で見つめ返してきた。一瞬入ることに躊躇する自分がいた。

「行くぞ、水口！」

心を奮い立たせるように気合を入れる。

少しの間のあと「ハイッ」と元気に振る舞う水口の返事があった。

エレベーターに乗り込み上へ向かう。

「先輩・・・」

「なに？」

「ありがとうございました」

「えっ？」

「このチームは最高でした・・・」

「なんだよ、突然・・・」

「いえ・・・とにかくお礼を言っておこうと思って」

「別に今日でお別れってわけじゃないんだから・・・」

それっきり水口は口を開かなかった。

明日から一人で水口は営業をすることになる。挨拶回りの中で、お客様との接し方を学んできたはずだ。そして、最後の挨拶が終わったら一人立ちのときだと水口には伝えてあった。

エレベーターを降りた僕たちは、一度お客様の会社のドアの前で立ち止まり、二人で呼吸を合わせてドアを開けた。

「こんにちは、コンプトン工業の小笠原です」

「水口です」

今までの総仕上げのような挨拶をしながら二人は中へ入っていった。

「あらあら、相変わらず元気いいわね」

吉田社長がニコニコと僕たちを迎え入れてくれた。

ここは、都内の中小企業のプロモーション・ビデオを製作している映像会社だった。普通の商品用プロモーションの製作ではなく、社長の頭の中を映像にすることを得意としている。

ひとりひとりの想いや、ことばにできない思想を映像で表現することに特化し、他社とは強烈な差別化を図っている会社だ。

「帰って来たという噂は聞いていたのに、なかなか顔を出さないものだから忘れられたのかと思っていたのよ」

そういいながら僕たちを応接セットに誘ってくれた。

吉田社長は、僕が札幌への転勤が決まり、来週にはいなくなるということを承知の上で『転勤するギリギリまで営業を続けるあなたの仕事への姿勢感動したわ』とご契約を下さった。

僕は水口を紹介し、吉田社長にひとつの提案をしていた。

「吉田社長、僕のあとを水口に引き継がせてください」

「えっ？」

「先輩！」

二人が同時に声をあげた。

「営業に通っていた頃、吉田社長がおっしゃったことばを忘れられずにいました」

「私が小笠原君に・・・なにをいったかしら・・・？」

「神様に守られているということばです」

「あははっ、そんなことを憶えていたの」

「はい。吉田社長がお父さんの急逝によって、突然会社を継がなければならなくなった頃のお話しの時です。数々の困難を乗り越えるにあたり自分の能力を超越した力を感じたとおっしゃっていましたよね」

「ええ、本当にそうとしか思えないような奇跡の連続だったのよ」

「そのとき、吉田社長は神様に守られていると感じたって・・・」

「ええ」

「信じます。それを！」

「どうしたの、一体」

「僕も、神様からの贈りものとしか思えないようなご縁に導かれて、今日まで来れたからです」

　水口は黙ったまま、僕と吉田社長の会話を聞き続けている。

「ここにいる水口との出会いも偶然ではないように思えて仕方ないんです。きっと必然の出会いなんじゃないかと。そう思った途端、吉田社長の考えを水口に学んで欲しいと思いました」

「私の考えって・・・？」

「なにをというわけじゃないんですが・・・、定期的に水口をメンテに来させますので、お時間の許す限りで結構です。吉田社長の今日までの歩みを、水口に聞かせて頂くわけにはいかないでしょうか」

「いいわよ、それくらいのことなら」

「ありがとうございます」

「そんなんでいいの？」

「ハイッ！」

　僕は担当変えの書類を出して吉田社長のサインをいただいた。

「先輩、そんなことしたら先輩の成績が」

水口のことばを遮るように『よろしくお願いします』と吉田社長に頭を下げた。

「いや、あの、その・・・、先輩！なんなんですか？」

「しっかり引き継いでくれよ」

「引き継ぐっていたって・・・僕は何も分かっていませんよ」

「だから、こうやって吉田社長にお願いしてるんじゃないか」

「僕みたいな新人じゃ、吉田社長も迷惑しますよ」

「あら、面白いじゃない。イジメ甲斐がありそうだし」

「吉田社長、マジですか」

僕は水口に肌で感じるということを学んで欲しかった。この一ヶ月間で確実に成長してきている水口だったが、根本的なところに頭で計算して行動を組み立てる水口がいた。

しかし、それは経験を積んでこそ成り立つもので、今の水口には考える頭ではなく感じて動く頭が必要だった。それを早い時期に身につけないと、数字を追いかけ、数字に流され、数字に潰されてしまう。

僕は水口に、あの営業地獄をできることなら経験させたくはなかった。

それには、数々の経営者のみなさんの想いを見事に捉え、それを映像に落とし込む吉田社長の感性に肌で触れることで、きっと、ひと廻りもふた廻りも水口は成長するはずだ。

「水口さん、あなたは素敵な師匠に恵まれたわね」

「師匠？」僕はその言葉に驚いた。

「師匠って、僕のことですか？」

「ええ。小笠原君は立派な師匠よ。ねぇ水口君」

「ハイ。先輩は最高の・・・最高の僕の師匠です！」

水口が叫んでいた。

僕はその言葉に嬉しさと喜びと感動を覚えた。

「今のあなたにはまだ分からないと思うけど、人生には師匠運ってあるのよ」

「師匠運・・・？」

「そう、師匠運。・・・人間を形成するのにとても大切な三要素というものがあるのを知ってる？」

「えっ、いいえ知りません・・・」

「哲学者で教育者だった森信三《のぶぞう》先生が伝え続けたことなんだけど・・・

人間形成の三要素

一、遺伝的な素質

一、逆境による試練

一、師匠運

この三つが、その人間をつくりあげるといっているの。

つまり、遺伝と逆境と師匠。

最初の遺伝運はその人が生まれるときの授かりものだから、自分でどうこうできないけれど、二つ目と三つ目は努力と頑張り次第でなんとでもなるんですって」

僕と水口は一緒にノートを取り出した。

「また、遺伝運に恵まれなくても、嘆くことはないそうよ。

いくら素晴らしい田畑（遺伝）があっても、汗水流して耕すからこそ豊かな土になるように、手入れをしない田畑はすぐ荒れ地になっちゃうでしょう。

だから、持って生まれた才能や素質に惑わされることなく、与えられた能力に対して、一生懸命正直に全力を尽くすことが大切で、人と比べて何かが劣っていようとも、真剣に努力する人の方が最後は勝ってしまうんですって」

「努力は才能をしのぐってことですね」

「そう」

「次に逆境や試練も、また人間をつかさどる大切な運で、この深い経験がなければ、正しい人生を歩めないの。この試練や逆境にめぐり合えるのも運なのよ」

「それも運・・・ですか」

「そう。そして最後に一番大切なのが師匠運。

人は自分のわがままな心によって色々な不幸が訪れるけど、師に恵まれた人は自分勝手な判断の前に『先生だったらどう考えるだろうか』と冷静になる『間』を持てる。その『間』があることでひとつひとつをしっかり乗り越えられるそうよ」

僕たちはしっかりメモを取った。

「日々の生活の中で、時々、人生の現実を自分以外の人の心に置き換えられるということは、とても大切なんですって。

一番身近な存在って自分でしょう。でも、自分が一番自分を分かっていないの。『自分はこれでいいのか』という問いかけに、自分では答が出ないのね。

だから、師を持つ人は『先生ならどうするか』と考える『間』を得ることでしっかり答えを導き出して成長できるの」

僕はこの営業という職業のおかげで、多くの師を持つことができた。

これから水口はどれだけの師と出会ってゆくのだろう・・・。

紙谷さんのおかげで、僕はたくさんの社長さんたちと出会い、そして僕を導いてくださった。

「水口さん・・・」

「はい」

「実はこれら三つの要素は、すべて『ご縁』なんですよ。ご縁が形を変えてあなたの前に現れるんです」

「形を変えて？」

「そうよ。ご縁は色々な形になるの。そして、ご縁は感謝の心を持たない人には訪れません」

「感謝の心がご縁を結ぶ・・・のですか」

「そうよ。だって、ありがとうということばは『有り難し』からきているの。あり得ないこと・・・それが有り難しなの。そのあり得ないことが起こるから『ありがとう』なのよ。ありがとうをいえない人には一生『ご縁』は訪れませんからね。しっかり憶えておくのよ」

「先輩！」

「ん？」

「ありがとうございます」

「なんだよ、突然」

「一生懸命、先輩のあとを引き継ぎます。今まさにあり得ない状態で・・・、僕はお客様とのご縁を頂いたわけですよね」

「うん、それ、その素直さ！」

吉田社長が手を叩いて笑っていた。

「ハイッ、ありがとうございます。本気で取り組みます」

「それよ、水口さん。その感謝の心！いいわね、なんだか羨ましいな男同士って」

しばらく北海道の話しをした後、次回の訪問日を決めた僕たちは吉田社長の会社をあとにした。

帰りの電車の中で明日から一人立ちする水口に営業の心得を伝えた。

「絶対にお客様のところで、別のお客様の噂話はするなよ」

「はい」

「同業他社の悪口も厳禁」

「はい」

「会社の噂話もするなよ」

「会社の？」

「そう、誰がどうのこうのって・・・」

「大丈夫ですよ、先輩のことは話しませんから」

「僕だけじゃなく、全員のこと」

「分かってますって」

「本当かよ」

「常識じゃないですか、そんなこと」

「ところで、水口の同期たちはその後どうなの？」

「あっ、余裕です。ぜんぜん勝っちゃってます」

「ほら、そうやってついつい人のことを話しちゃダメなんだよ」

「だって、先輩、これは内輪の会話じゃないですか」

「癖になるの、それが。そういうときは『みんな頑張ってます』といわなきゃ」

「はいはい・・・」

バシッ。

「痛っ、何するんですか！」

明日からいよいよ水口は一人立ちをする。

初めて会ったときはどうなることかと心配したけど、一ヶ月の中でしっかり成長を遂げていた。

そして、毎日一緒にいた僕は本当にこの男が好きになっていた。

「水口・・・」

「なんですか・・・」
「営業って最高だろ」
「ハイッ」

No
Date ・ ・

⑨ ご縁の魔法

◇ ご縁は姿を変えて訪れる。

◇ 感謝の心の無い人には訪れない。

◇ ご縁は『運』という姿が大好き。

マネジメント

◇ 自分で教えられないことは、
できる人の力を素直に借りる。

魔法その10　～即動力～
「人の提案には間髪入れずにイエスということ」

いつもの朝がきた。

僕は毎朝の早起きと朝一番の出社を続けていた。

天気予報は今日も快晴だという。暑くなりそうだ。

いつも通り六時過ぎに家を出て誰もいないオフィスへ向かった。

水口のデスクに真新しいノートを一冊置いた。『一冊一顧客ノート』だ。

今日からの一人立ちを祝して、僕からの小さなプレゼントだった。一ページ目にメッセージを記した。


営業とは神様に選ばれた人のみが、最高の舞台で活躍できる職業です。

小笠原

突然の大声に驚いた。

ひときわ大きな声で水口が挨拶しながら出社してきた。

「ど、どうしたの？」

驚く僕に、えへへとだけ笑ってバケツを手に水を汲みに消えて行った。しばらくして水を一杯汲んで戻ってきた水口は「僕は先輩を真似ることに決めました。できる限りすべてを」と叫んだ。

「なぜ・・・急に？」

「先輩こそ、どうして毎日一人で掃除を続けているんですか」

質問に質問で返してきた。僕はなんだか微笑ましくなった。

「別に深い意味はないけど・・・」

「でも変じゃないですか、主任にもなって、後輩たちも僕を含めて沢山いるのに」

「変かな・・・」

「絶対変です」

「うん・・・そうかもね。笑われるかもしれないけど、僕はこの朝の時間に実は神聖なものを感じているんだ」

「・・・」

「一人で誰もいないオフィスに出社するだろう、すると心が凛として、すべて上手くいくような気になる。きっとその快感がやめられないんだと思う・・・」

「やっぱり・・・」

「なにが？」

「先輩・・・もしかして神様を信じていません・・・？」

「信じているかも・・・」

「やっぱり」

こんなくだらない雑談をしながら掃除を進めた。二人での掃除は楽しかった。

絞った雑巾を受け取りながら「ところで、水口はどこに住んでるの」と聞いた。

「野方ですよ」

「えっ、中野区の？」

「はい」

「じゃあ、西武新宿線？」

「いいえ、野方といっても一丁目なので・・・」

「一丁目ってどの辺り」

「警察署のそばです」

「すると、中野駅？」

「そうですけど」

僕は、この必然に驚きながらもなんだかワクワクしてくるのを憶えた。

「水口、良かったら勉強会やらないか」

考えて出たことばではなかった。咄嗟に口をついたことばだった。

「勉強会って、なんですか」

「毎朝、二人で営業について学びあうんだ」

「それって、先輩がお師匠さんと続けたという、あの伝説の勉強会ですか」

「うん。まぁ伝説っていうのは大袈裟だけどね。それにこの勉強会の相手は紙谷さんじゃなく僕とだけど・・・」

「やります」

間髪いれずに水口が返事した。

「早いね、返事・・・！」

「僕からお願いしようとさえ思っていたんです。それに先輩知っています？」

「えっ？」

「この手の返事は一分以内にするもんだって」

「なに、それ？」

「もう、本当に先輩はなにも知らないんですね。かの有名なナポレオン・ヒルとアンドリュー・カーネギーの出会いですよ」

水口の講義が始まった。

「良かったら教えてよ」僕は笑顔でうなずいていた。

「仕方ないな・・・いいですか・・・」

水口は雑巾をかけながら嬉々と話し始めた。

・・・・・・・・・・・

ナポレオン・ヒルは弁護士を目指してジョージタウンの法律大学へ進学したんです。

しかし、学費を払うお金がなかったので、それを工面するためにボブ・テイラーズ・マガジンという雑誌のインタビュー記事を書くアルバイトを始めます。

その最初のインタビューがアメリカの鉄鋼王だったアンドリュー・カーネギーだったんですよ。

時代は一九〇八年、ナポレオン・ヒルが二十五歳。カーネギーが七十三歳です。

カーネギーとナポレオン・ヒルのインタビューは、カーネギーの大豪邸で三日三晩も続きま

「いや、それでもスゴイよ。だけど、成功プログラムをまとめるのになぜ二十年も必要だったの」

「それは、この話しを持ち出した時点では、まだ誰も成功していなかったからですよ。例えば紹介されたひとりにアメリカの自動車王と呼ばれたヘンリー・フォードがいたんですが、まだ小さな自動車メーカーの社長でしかなかったんです。

彼らが現実に成功するまでに最長で二十年かかるとカーネギーは考えたんでしょうね」

「えっ、じゃあカーネギーは二十年も前から、成功する若者たちを見抜いていたのかい」

「そうみたいです。

カーネギーは、既に大成功をおさめた人々の話しなんか、図書館に行けば多くの本に書かれているって・・・」

水口は僕の興味を確認するように間をおいて続けた。

「これから紹介する人たちが、どのようなプロセスで成功者と呼ばれる道を歩くのかを観察して欲しい。時には失敗もするはずだ。しかし、必ず彼らは成功するのだからといったそうです」

「そして、実際にその人たちは大成功をおさめたんだね」

「そうです。そして二十年経ったとき、ナポレオン・ヒル自身も大成功者になっていたんです」

「カーネギーは、なぜそんな先のことが分かったんだろう・・・」

「本によると、成功する人は即決できる人、そしてすぐ動く人しかいないそうです」

「即動力だ！」

「えっ、なんですか、その即動力って」

「うん、これはね昔紙谷さんに教わったんだけど、人はみな行動力を持っているんだけど、すぐに動く人は少ないんだって。例えば、あの映画観てみるといいよって言われて、一ヶ月後に観たって話題にならないじゃない。つまり行動しても速度観が合わないとご縁は育たないいんだ。『いいよ』って勧められたらすぐ動く。これを即動力っていうんだ」

「じゃあ、カーネギーもその即動力を基準にしていたんですね、きっと」

「うん、そうだと思う」

そんな話しをしながら、僕たちは掃除を終えた。

明日から毎朝、僕たちは中野の喫茶店で勉強会をスタートすることを約束しあった。

そう、僕と紙谷さんでレッスンを続けたあの喫茶店で。

No
Date ・ ・

⑩ 即動力の魔法

◇ 提案にはすぐに返事をする。

◇ やれるかやれないかではなく、

まずやってみようとすること。

◇ 返事はイエスかノーだけ。

曖昧な答えは必要ない。

◇ すぐにやる。

エピローグ

その朝、僕は階段を一歩一歩踏みしめるように上った。
懐かしい香りが鼻をつく。
ガラスの扉を静かに押した。
今日までの長い歳月を飛び越えて、僕の全身はすべてを思い出していた。
中野の喫茶店。
懐かしさがよみがえる。
店の中へ一歩入ると同時に、奥のテーブルに目をやった。
早朝の喫茶店。そこに人の姿はなかった。
「いらっしゃいませ」
気だるそうな声で、アルバイトの若者がこちらを見もせず声を投げてきた。
何も変わっていない・・・すべてが昔のままだった。

紙谷さんとの思い出に包まれているこの場所に。

唯一初心に戻れるこの場所に。

紙谷さん・・・。心の中で呼び掛けていた。

「あのう・・・お客様・・・」

不機嫌そうな声で、アルバイトの若者が僕を睨んでいる。

そして「なにか御用でしょうか？」と棘のある声に変わった。

「入口で立ち尽くされると迷惑なんですよね・・・」

客ではなく業者かなにかだと見当をつけた口調だった。

僕は笑顔を向けた。最高の笑顔を。

若者が一瞬たじろいだ。

これが笑顔の魔法だ。

怒りを一瞬で吸い込んでしまう不思議なパワーがある。

なにかをいおうと若者の口が動きかけたとき、「アイスコーヒー」といって、僕は奥の指定席に腰を下ろしていた。

でも、今日から僕が座るのは紙谷さんの席だ。

僕のところには水口が座る・・・。

窓の外に中野サンプラザが見えていた。

静かに眼を閉じた。

『あそこの一番上の窓から景色を眺めたなら、新宿も池袋も見えますよね』

突然紙谷さんの声が甦ってきた。

『自分の人間力を高めなければ、いつも足元しか見られない小っぽけな視野で終わっちゃうんです。成長し続けなければ・・・』

紙谷さんは、営業とは技術ではないと教えてくれた。営業とは人間力だと。成長し続けるのだと。

紙谷さん、僕はどれくらい成長できたんでしょうか。

あの頃と比べて、どれほど大きくなれたでしょうか。

今日から、僕は水口に今までの学びを伝えていくのだ。紙谷さんから学んだことを残さずすべて。

「お待たせしました」

ガチャンと音を立ててアイスコーヒーがテーブルに置かれた。

現実に引き戻されると同時に、その若者の仕事ぶりが可笑しくて仕方なかった。

きっと彼は不幸せなんだ。

人は幸せだから笑うのではない。笑うから幸せなんだ。
僕も昔は君と同じだったんだよ。
言いかけてやめた。
すべて必然なんだ。
きっと彼にも気づく時がくるだろう。
自分から変わろうとしない限り、決して人は変わらないのだから。

完

～魔法ノート～

魔法その1

挨拶の魔法

1. ことばは命より強い。

2. 礼儀の基本は挨拶にある。

3. 挨拶は常に先手。自分から進んで行うこと。

4. 「ハイ」という返事の実践。

5. クツをそろえて心を正す。

6. 『間』という沈黙の恐怖に負けないこと。

7. 立った時は椅子を引く。

椅子を引くとオフィスの心がひとつに整う。

（マネジメント）

1. まず聴く。頷きながら聴く。

2. 褒めてあげ、自信を持たせる。

3. マネジメントは営業と通じるものが多い。

魔法その2

叡智の魔法

1. 人の心を酌める人間であること。

2. そして、誰よりも人の痛みの分かる人であること。

3. 匂いを嗅ぎ分ける力。

マネジメント

1. いつも自分に問いかけること「オマエの下で働けるか」を。

2. 喜んで働いてくれる部下に対して感謝の心を持ち続けること。

3. 自分を信じ、部下を信じ、賭ける覚悟を持つ。

4. 命と命の呼応を意識する。

魔法その3
夢を語り合う魔法

1. 部下と夢を語り合う。

2. 部下の夢を否定しない。

3. どんな夢であろうと、その夢を応援する。

（マネジメント）

1. 人間力を高めなければ、人の育成はできない。

2. 小手先で接しても人は動かない。

魔法その4
ことばの魔法

1. 書いたものが平面なら、ことばは立体。

2. その人の一生を背負ってことばは発せられる。

3. 知っている→できる→分かるまでが学びの段階。

4. 分かるとは伝えられること。

5. 言い訳は人生の一番の無駄。

6. ことばの四戒（不妄語、不悪口、不両舌、不綺語）を
忘れないこと。

（マネジメント）

1. 自分が学んできたことを伝え残すこと。

魔法その5

ただ見ている魔法

1. 自分のことを見ていてくれる人がいるだけで人は安心できる。

2. 自分の苦悩を理解してくれる人がいることで人は安心できる。

3. いつも後ろで見守っていてくれることが感謝の心になる。

（マネジメント）

1. 部下が自信を失う前に、自分が信じていることを伝える。

魔法その6

歴史の魔法

1. 歴史は誇りとなる。

2. 仕事とは歴史観を持って臨むこと。

3. 千年、二千年続けることを考えてこそ高い志となる。

4. 『勿体無い』と『効率』は、まったくの別物。

5. 先人の叡智に、働くことの正しい姿勢が溢れている。

（マネジメント）

1. 会社の歴史を次の者達へしっかり伝え残す。

魔法その7

時間の魔法

1. お金は失くしてもまた稼げばいいが、
時間は過ぎたら取り返せない。

2. 人生最大の無駄は、時間の無駄遣いだ。

3. 24時間に目的別の時間軸を用意する。

4. 4つの時間軸。
（睡眠・アウトプット・インプット・プライベート）
5. 時間管理という概念をもち、時間を自由にコントロールする。
※便利というまやかしを捨てたとき、自由を手にできる・・・。
　テレビを捨てよう。
（マネジメント）
1. 新人にはインプット（学ぶ）の時間を創らせる。

魔法その8
傍楽の魔法

1. 毎日誰かを喜ばすことを考える。
2. 働くとは傍楽ということ。
3. 誰かのために頑張ることが本当の努力を生む。
4. いつも誰を幸せにしたいのかを考えること。
5. 世間は広い。スゴイ人たちが一杯いる。
（マネジメント）
1. 働く意義は『傍楽』ことだと教える。

魔法その9
ご縁の魔法

1. ご縁は姿を変えて訪れる。
2. 感謝の心の無い人には訪れない。
3. ご縁は『運』という姿が大好き。

（マネジメント）

1. 自分で教えられないことは、できる人の力を素直に借りる。

魔法その10

即動力の魔法

1. 提案にはすぐに返事をする。

2. やれるかやれないかではなく、まずやってみようとすること。

3. 返事はイエスかノーだけ。曖昧な答えは必要ない。

4. すぐにやる。

謝辞

ハガキ道の祖、坂田道信先生は「人生とは真っ暗闇の中に灯る小さな線香ほどの明かりを目指して歩くもの」とおっしゃっていました。

右も左も、上も下も分からない真っ暗闇の中を・・・。目を凝らし、本気で見つめ続ければ見失う灯火。その明かりこそが人生の志なのだとおっしゃっていました。

私たちは、生まれるときに授かる封書があって、それを不惑までに開封することが人生の使命を得るのだそうです。私は営業という職業に出会い、その職に就けたことはなによりも幸せなことでした。

今、この一冊の本を通して、同じ道を歩む皆さんの勇気に変えられたならこれ以上の幸せはありません。

そして、本文中の登場モデルとさせていただきました、大村秀明社長、佐藤等先生、太田勝久先生、和田一仁社長、渡辺尚社長、村松弘康先生、西田文郎先生、田中寿広社長、吉田聡子社長、小笠原航専務、小笠原圭吾さん、小林正幸さん、水口翔太君、皆様に勝手をお詫びすると同時に改めて感謝申し上げます。

また、『営業の魔法』続編の勇気ある出版をご決断下さった、出版社の田中慎也社長に友情の念を贈らせていただきます。

執筆中、業務をフォローしてくれた、紙谷厚子、加地早織、田口槙吾、黒澤卓矢、他スタッフの皆さん、そしてたくさんの勇気を与えてくれた笑顔塾の学生諸君にお礼申し上げます。

最後に、樺太《からふと》の思い出を本にしたいと夢見続けながら、それを果たせなかった亡き父に本書を捧げます。

著者

参考文献

生きていてよかった　相田みつを著　川文庫

現代の覚者たち　森信三ほか著　致知出版社

安岡正篤先生の人間学入門　石川友造著　心泉社

下坐に生きる　神渡良平著　致知出版社

おいしいハンバーガーのこわい話　エリック・シュローサー　チャールズ・ウィルソン　宇丹貴代実　訳　草思社

般若心経　人生を変える気づきの言葉　藤原東演著　成美堂出版

日高晤郎名言集　言葉のビタミン　日高晤郎著　中西出版

般若心経９０の知恵　公方俊良著　三笠書房

ＮＯ１理論　西田文郎著　三笠書房

親と子の日本史　産経新聞取材班著　産経新聞社

新編　日本文学史　守随憲治監修　真下三郎監修　第一学習社

ブッダを読む人は、なぜ繁盛してしまうのか。　清水克衛著　現代書林

ツキの最強法則　西田文郎著　ダイヤモンド社

ツキの大原則　西田文郎著　現代書林

にっぽん企業家列伝　村橋勝子著　日経ビジネス人文庫

ダメ営業マン・小笠原の、「成長」と「トップ営業マンへの道程」をリアルに描いた営業サクセスストーリー。

第三刷増刷！
絶賛発売中！

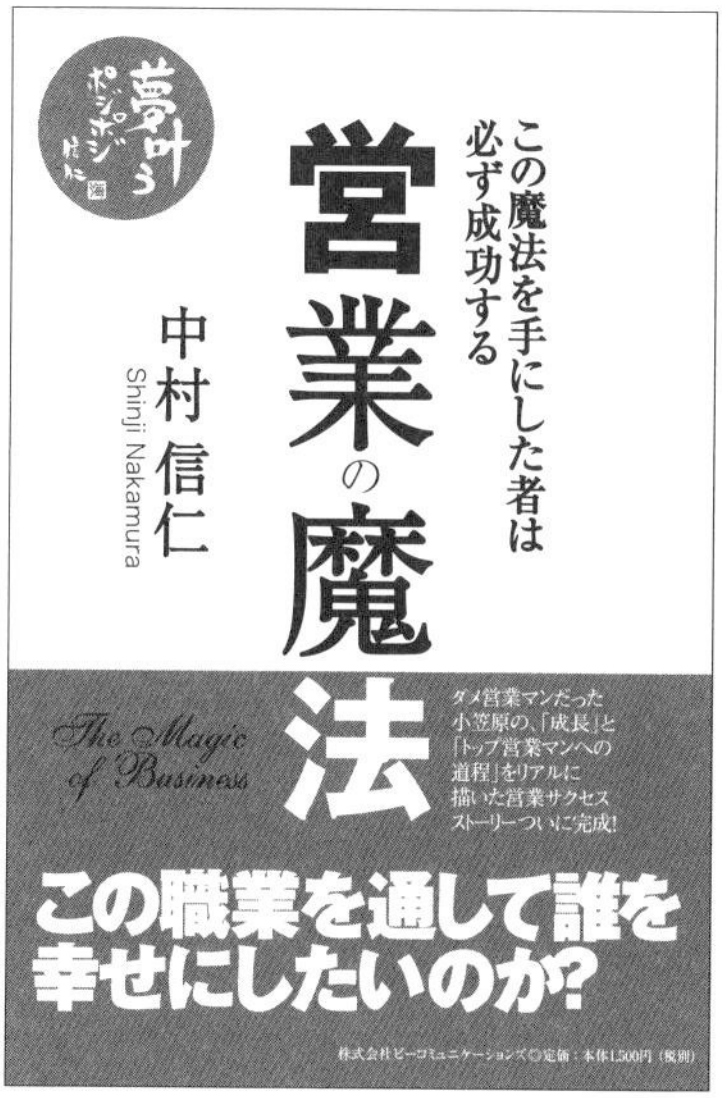

●四六版:204ページ(表紙込) ●価格:1,500円(税別)

新入社員の小笠原は、営業部に配属されてからの半年間、売上げゼロのダメ営業マンだった。自信をなくした彼は、朝礼のあと伏魔殿のような喫茶店に逃げ込み、夕方までの時間をやり過ごす毎日。そんなある日、全身からオーラを放つスーパー営業マン紙谷と出会う。紙谷は2冊のバインダーを巧に操り、瞬く間にお客様をイエスへと導いていた。まるで魔法に掛かったかのように喜ぶお客様の姿を目の当たりにした彼は、スーパー営業マン紙谷に頼み込み、営業についてのレクチャーを受けることになる。そして、一ヶ月半に渡る早朝6時からの実践レクチャーが始まった。紙谷は本物の魔法使いの如く、ダメ営業マンの小笠原に11個の魔法を伝授する。本当の営業を知った小笠原は、瞬く間にトップ営業マンへと成長していた。しかし、最後の魔法、12個目を伝えないまま紙谷は小笠原の前から忽然と姿を消す。紙谷の身に何が起こったのか。ダメ営業マンだった小笠原の、「成長」と「トップ営業マンへの道程」をリアルに描いた営業サクセスストーリー、ついに完成!

この職業を通して誰を幸せにしたいのか?

プレゼント

表紙にデザインされている『ポジ・ポジ』というマークが、真のポジティブ・シンキングを皆様に思い起こさせてくれるはずです。そして、このマークをステッカーにしました。本著をご購入いただいた先着500名の方に、第二弾出版記念といたしましてプレゼントさせていただきます。

Eメールにて
お名前・〒・ご住所、一言感想（著者は小心なため、できましたら応縁メッセージを）を添えて下記までご連絡ください。

Eメール宛先　maho@mgfan.com
著者ブログ　http://ameblo.jp/mandg/

仕事の魔法
ついに極意を明かす！営業の次はこの魔法

2008年7月10日　第1版第1刷発行

著　者　　中村　信仁
発行者　　田中　慎也
発行所　　株式会社ビーコミュニケーションズ
〒064-0915
札幌市中央区南15条西19丁目1-7
電話　011(551)2228
FAX　011(551)2229
印刷所　　株式会社DNP北海道

落丁・乱丁本の場合はお取替えいたします。

ISBN978-4-9-902969-81-8 C2034